밝은 삶의 아포리즘

축복언어

| 박종순 지음 |

쿰란출판사

머리말

　인간은 자신의 감정과 생각을 언어로 표현합니다. 동식물도 표현 방법이 있지만 인간은 희노애락을 다양한 언어로 드러내는 고도의 기술을 지니고 있습니다. 그리고 언어와 문자로 하나님을 높이고 찬양하는 특권도 가지고 있습니다.

　목회자는 한평생 입을 열고 살아야 합니다. 저도 예외가 아니었습니다. 숱한 말들을 설교, 강연, 기도, 상담으로 쏟아냈습니다. 그런가 하면 무심코 누군가가 던진 말 때문에 상처받아 가슴앓이 했고 누군가에게 아픔을 주기도 했습니다. 그러면서 터득한 깨달음이 있었습니다. 그것은 말은 적을수록 좋다는 것, 필요할 때 필요한 말 외에는 아끼는 것이 좋다는 것입니다. 그래서 '三思一言'이라는 족자를 서재에 걸었습니다. 그리고 축복 언어의 세계를 순례하기로 한 것입니다.

　만나는 사람들과 가까운 사람들에게 덕이 되고 득이 되는 말을 해주고 싶었습니다. 그래서 글을 쓰기 시작했습니다. 학위논문처럼 긴 글도 있지만 짤막한 글 안에 크고 긴 뜻을 담고 싶었습니다. 파스칼의 말대로 인간은 생각할 줄 아는 존재이기 때문입니다. 사람은 한

마디 말과 한 줄 글 때문에 깨달음을 얻고 삶을 정돈하는 능력을 소유하고 있습니다. 깨달음이 없는 사람은 짐승과 다를 바 없습니다. 그런 뜻으로 틈틈이 쓰고 모았던 글들을 책으로 묶어 펴내기로 하고 책명은 "축복 언어"로 정했습니다. 책 안에 들어 있는 한 줄 한 마디 모두가 축복 언어가 되기를 바라는 열망을 담았습니다.

이 책을 펴내주신 쿰란출판사 이형규 장로님과 쿰란 가족들에게 감사드립니다. 34년간 서툰 목회를 따라준 충신 교우들에게도 감사드립니다. 사랑하는 아내와 자녀들에게도 고마운 마음과 정을 전합니다. 그리고 하나님께 뜨거운 감사와 영광을 올려드립니다.

이 책을 손에 들 독자 여러분에게 하나님의 은총이 차고 넘쳐나길 기도드립니다. 하나에서 열까지 감사할 뿐입니다.

2010년 성탄절
한강변에서
박 종 를 드림

머리말 • 2

제1부 지금, 여기 • 7

맘껏 달리세요 | 변치 맙시다 | 감사 | 겨울이 가면 봄이 오고 | 중심 잡기 | 희망을 내려놓고 가는 곳 | 칭찬합시다 | 바르게 씁시다 | 나, 너 그리고 우리 | 올림 법칙 | 휴대폰 | 아침형 인간 | 기도 | 게으름 | NGO | 미소 | 독서 | 열창(熱唱) | 칭찬과 비난 | 가정 | 노력(努力) | 삼사일언(三思一言) | 인생 채널 | 편한 것만이 좋은 것은 아니다 | 체질 | 제4계명 | 건강한 영혼 | 걸작과 명작 | 해지도록 분을 품지 말라 | 주와 함께 기도의 휘파람을 | 교만 | 사람 보기 | 내 모습 이대로 | 지금, 여기 | 성경 읽기 | 용서 | 가족 | 책 읽기 | 사해 교훈 1 | 감사와 불평의 차이 | 기초 | 흔히 범하는 죄 | 소통 | 등불을 켜는 이유 | 엄마, 울보야? | 불안한 영웅 | 기도 | 지갑을 열고 | 라 과디아(La Guardia) | 어머니 기도 | 방 있어요

제2부 함께 • 61

앞으로! | 의미 있는 삶 | 권태와 보람 | 화해 1 | 큰 것과 작은 것 | 교회 창립 기념 주일 메시지 | 통과 | 혀 1 | 감람나무 | 좋고 나쁘고 | 힘 | 꽃샘추위 1 | 야구 이야기 | 개나리꽃 피는 사연 | 문제 풀이 | 예수 부활 | 짜증 | 해결자 | 화해 2 | 거룩한 효(孝) | 피하지 말라 | 선거 1 | 승자와 패자 | 망국 조건(亡國條件) | 순종 | 대~한민국 | 붉은 악마 | 초점 | 기회 | 지나침 | 창의적 계층 | 서 장로 이야기 | 출애굽 | 좋은 말 | 교장선생님 이야기 | 함께 | 균형 | 플러스 발상 | 거울 | 구화(口話)와 수화(手話) | 핵실험 | 감사 조건 1 | 감사 조건 2 | 불만과 만 불 | 예수 닮기 | 선교와 국력 | 비전 가슴 | 구유 그리고 십자가 | 존중하기 | 사랑 나눔

제3부 아름다운 그대 손 • 113

새로운 다짐 | 아름다운 그대 손 | 인내 | 목표 세우기 | 부동산 | 두려움 | 평화 | 일 | 청지기 | 가시관 | 어떤 엄마의 후회 | 자포자기 | 건강 비결 | 부활절 예배 | 긍정적 신앙 | 아바 아버지 | 나 때문에 | 희년의 기쁨 그리고 비전 | 가정 | 예수 중심 | 깊이 파라 | 부부 싸움 | 선교 | 가장 존경하는 사람 | 아름다움 | 내 모습 이대로 | 신령한 눈 | 골치 아픈 사람들 | 한 통의 전화 | 절약 | 보람된 일 | 믿고 기도하고 | 부전승(不戰勝) | 교만 | 풍요와 가난 | 여유 | 박수 | 도청 | 인물(人物) | 머리카락 | 제멋대로 | 혀 2 | 낙엽 이야기 | 창조 질서 | 박수치는 사람들 | 사해 교훈 2 | 예수 없는 성탄절 | 대통령 | 듣고 말하기 | 성탄절 추억 | 종점

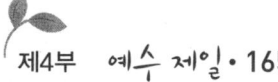

제4부 예수 제일 • 165

자기 자리 | 화풀이 | 종점 | 때 | 성격 | 결단 | 중심 바로잡기 | 감사하는 마음 | 버릴 것 없는 나무 | 부탁할 곳에 부탁하라 | 오만 뒤에 오는 것 | 들풀[野草] | 행동 | 선거 2 | 들꽃 이야기 | 감사 | 대기만성(大器晩成) | 축복 | 먼저 손 내밀기 | 형님 먼저, 아우 먼저 | 쓴 것과 단 것 | 꿈꾸는 사람 | 불평 뒤집기 | 고집과 소신 | 삶이 기쁜 이유 | 조율 | 유구무언(有口無言) | 나는 누구인가? | 사해 | 세월 | 명품 | 생각하는 갈대 | 고진감래 | 폭력 | 독수리 날개 | 꼬부라진 가치관 | 상상유감(想像遺憾) | 골드미스 이야기 | 사랑과 용서 | 예수 제일 | 너희들이 앞섰구나 | 낚시 이야기 | 사고 전환 | 너도 늙어 봐라 | 나누는 삶 | 섬김 | 선물 | 동행 | 더 높은 곳 | 낮춤 | 두려움 | 마침표

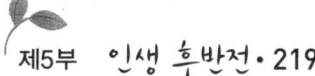

제5부 인생 후반전 • 219

중단 없는 달음질 | 동굴과 터널 | 말하라 | 은혜 | 교회 주인 | 《빙점》에 얽힌 사연 | 성경 읽기 | 보완(補完) | 편지 | 잔소리 | 꽃샘추위 2 | 욕망의 덫 | 건강 관리 | 꽃 피는 사연 | 말 잘하기 | 인생 후반전 | 불평의 쓰레기 | 고려장 이야기 | 노인과 바다 | 칭찬과 격려 | 무너지지 않는 행복 | 심은 대로 거둔다 | 행복 바이러스 | 심장 소리를 듣는다 | 어리석은 부자 | 누구 작품인가? | 대기실 | 준비된 삶 | 기도하는 대통령 | 두 갈래 길 | 주일 지키기 | 지옥보다 시원합니다 | 기적 | 집착 | 건강한 노인 | 사계(四季) | 부메랑 | 소신 | 불평 심리학 | 성공 조건 | 상(賞) | 감사 | 축복 언어 | 모래성 | 하늘의 새, 들의 백합꽃 | 90세 소녀 타샤 튜더 | 신뢰 | 나무 열 번 찍기 | 스탠퍼드 대학

제1부
지금, 여기

 ## 맘껏 달리세요

새날이 밝았습니다. 온갖 것들을 뒤로한 채
희망 실은 열차가 초하루 역을 떠났습니다.
목적지까지 가는 동안 고장 나거나
정차하는 일이 없어야 합니다.
안전한 운행을 위해 열차의 운전석을
주님께 내드리기로 했습니다.
내가 앉아 있노라면 질주의 쾌감은 만끽할 수 있지만
사고 확률이 높습니다.
그래서 운전석 곁에 내 자리를 펴기로 했습니다.
그랬더니 천천히 가도 좋고, 빨리 가도 좋습니다.
달리고 뛰는 걱정이 내 곁을 떠났기 때문입니다.
주님, 맘껏 달리십시오.

# 변치 맙시다

제가 남산을 처음 본 것은 1950년대 초였습니다.
그때 그 남산은 지금도 그대로입니다.
굴을 뚫고, 길을 내고, 탑을 세우고,
집을 짓긴 했지만 옛 남산 그대로입니다.
그런데 50년 전 내 모습은 온데간데없습니다.
초라해진 몰골이 말이 아닙니다.
사람은 변덕의 대명사입니다.
시도 때도 안 가리고 변덕을 부립니다.
그러나 예수 그리스도는 어제나 오늘이나
영원토록 동일하십니다.
내가 믿는 주님이 영원불변의 진리라면
닮는 것이 정도입니다.
새해 아침에 드린 기도가 있습니다.
"주님, 한 해도 변치 말고, 믿고, 사랑하고,
일하게 하옵소서" 였습니다.
겉포장이 변하는 것도 서러운데 속까지
변할 수 없지 않습니까?

 감사

감사와 불평, 원망과 투정은 동일한 대지에 묻혀 있습니다.
어떤 것을 캐느냐에 따라 성패가 가름 납니다.
넓은 대지를 헤집으며 구태여 원망의 독초를
캐려는 사람들이 있습니다.
그들은 길고 긴 한평생을
무가치한 돌멩이 줍기로 허송합니다.
세계 일주 무전 여행을 끝낸 어느 교수는
두 마디 때문에 순탄한 여행을 즐길 수 있었다고 합니다.
"죄송합니다"와 "감사합니다"였습니다.
전투적 세상, 살벌한 일터를 감사가 넘치는
초원으로 바꿉시다.

 # 겨울이 가면 봄이 오고

우리나라처럼 사계절이 뚜렷한 나라도 드뭅니다.
철따라 피고 지는 꽃이 다르고,
나뭇가지 흔드는 바람도 다릅니다.
추위를 많이 타는 저로서는 겨울이 싫습니다.
하얀 눈이 산하를 덮어 좋다지만 녹아 내리는 눈은
지저분하기 짝이 없습니다.
그렇다고 열대야가 좋은 것도 아닙니다.
그냥 사계가 좋습니다.
다가올 다음 계절을 바라는 기다림, 색다른 계절의 정취,
때 맞춰 갈아입는 의상까지 달라서 좋습니다.
한번 겨울은 영원한 겨울이 아닙니다.
머잖아 남녘에서 봄소식이 전해지면
진달래, 개나리, 봄을 먹고 춤추게 될 것입니다.
계절의 순환은 인생과 같습니다.
겨울을 탓하고, 한숨 쉴 필요는 없습니다.
곧 겨울이 가고 봄이 오기 때문입니다.

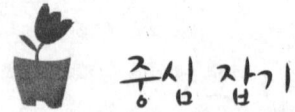 중심 잡기

남도 사람들은 홍어회를 즐깁니다.
잔칫상마다 약방의 감초처럼 끼곤 합니다.
코끝을 때리는 찡한 맛이 진미라고들 말합니다.
찡한 맛이 들기 위해선 적당히 썩혀야 한답니다.
덜 썩히면 맛이 없고,
과하게 썩히면 먹기가 어렵다고 합니다.
매사에 지나침은 바람직하지 않습니다.
과속, 과식, 과음, 과적, 과열, 과신.
그 어느 것도 좋을 게 없습니다.
여호수아에게 주신 하나님의 당부는
"좌로나 우로나 치우치지 말라"(수 1:7)였습니다.
그것은 그리스도인이 지켜야 할 자리매김이며
리더의 덕목이기도 합니다.
세례 요한은 그 당시 민중을 '흔들리는 갈대'라고 했고,
파스칼은 '생각하는 갈대',
셰익스피어는 '바람에 날리는 갈대'라 했습니다.
갈대 말고 거목이 됩시다.

 ## 희망을 내려놓고 가는 곳

인도네시아 수마트라 섬 인근에서 발생한 강진으로
인도네시아, 태국, 인도, 스리랑카, 몰디브,
멀리는 아프리카 일부 지역까지
해일이 덮쳐 상상 못할 피해를 입었습니다.
모 주간지는 "지옥으로 변한 낙원 푸켓"이라는
제목의 글을 실었습니다.
지옥을 구경한 사람이 없기 때문에
참사 현장을 지옥과 비기는 것은 신빙성이 없습니다.
확실한 것은 지진, 해일, 화재 뒤엔
그래도 뭔가 남는 게 있지만
지옥엔 남는 것이 없다는 것입니다.
거긴 고통과 심판이 있을 뿐입니다.
지옥은 사탄의 추종 세력들과 불신의 사람들이 가는 곳입니다.
단테의 말을 빌리면, 그곳은 모든 희망을
내려놓고 가는 곳입니다.
그래서 가도 안 되고 가도록 방치해도 안 됩니다.
만일 지옥행 고속철에 몸을 맡긴 채 질주하는
사람들이 있다면 무엇을 해야 되겠습니까?

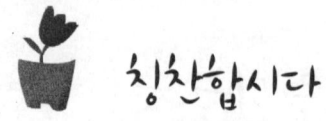
칭찬합시다

에모토 마사루는 자신의 글 《물은 답을 알고 있다》에서,
컵에 담은 물을 향해
"고맙습니다, 사랑합니다"라고 말을 걸면
춤을 춘다고 했습니다.
슬픈 음악을 들려주면 물의 결정체가 흩어지고,
환희의 노래를 들려주면 다이아몬드 섬광마냥
빛을 발한다고 했습니다.
《멧돼지도 칭찬하면 나무 위로 기어오른다》는
글을 쓴 이가 있습니다.
한 떨기 들꽃도 칭찬을 먹으면 싱싱한 향기를 발합니다.
정명훈 님은 어머니의 줄기찬 칭찬과 격려 때문에
음악가가 되었답니다.
사랑 먹고 격려 마시고 사는 존재,
행복해서 미소 짓는 존재가 바로 인간입니다.
사랑과 격려는 샘솟는 생수입니다.
퍼 쓸수록 맑은물이 솟아납니다.
칭찬하고, 격려하고, 그리고 사랑합시다.

 ## 바르게 씁시다

기독교 윤리는 목적, 방법, 결과 모두가 선해야 합니다.
목적이 선하면 방법은 아무래도 상관이 없다는 논리라면
선을 빌미로 못할 짓이 없을 것입니다.
바른 목적의 설정, 축적 방법의 정당성,
거기에 부의 정당한 분배와 활용성까지 곁들여진다면
그 누가 부를 탓할 수 있겠습니까?
자기네 자녀에게는 헌 양말을 기워 신기면서 모은 돈을
남의 자녀 키우는 장학금으로 쾌척한
무명 노인의 미담이라든지,
병마와 싸우며 자기 약값을 절약해 모은 돈을 근로 청소년을
위해 내놓은 이야기들이 우리네를 감동시키는 이유는
바로 벌고 바로 썼기 때문입니다.
제아무리 많이 벌어도 바로 쓰지 않으면 추해집니다.
제아무리 좋은 일을 많이 하더라도
그 돈을 모은 과정이 투명하지 못하면
소유 가치가 떨어질 수밖에 없습니다.
열심히, 많이, 바로 모읍시다.
그리고 바르게 많이 베풀고, 나누고, 씁시다.

나, 너 그리고 우리

나, 너가 합하면 부부가 되고 우리가 됩니다.
나에 대해선 한없이 너그럽고 자애롭지만
너에 대해선 전투적이고 공격적인 것이
우리네 자화상입니다.
그러나 나 없이 너 없고, 너 없이 나 있을 수 없다는
공존의 윤리를 생각한다면
우리네 삶의 질이 한결 유연하고 너그러워질 것입니다.
더불어 함께 살라는 것은 창조 질서이며
하나님의 의도입니다.
그 뜻을 거스르는 시간부터
파행과 균열의 아픔이 시작됩니다.
나는 너를 아끼고 너는 나를 돌보는 사랑 운동이
일어나야 합니다.
그 운동의 진원지는 내가 네 안에,
네가 내 안에 있어야 한다는
주님의 말씀에 두어야 합니다.
내가 머무는 그곳을 우리 공동체로 만듭시다.

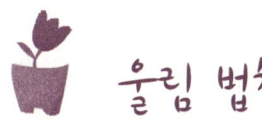

울림 법칙

주철환 교수의 신문 칼럼에 의하면, 칭찬과 비방은
돌고 도는 것이어서 결국은 내게로 돌아온다고 합니다.
생각 없이 내뱉는 한마디 말은 회전력이 있어
결국 내게로 산울림처럼 되돌아오는 것,
바로 그것이 말입니다.
산울림은 소리의 공명 현상입니다. 그리고 정직합니다.
큰소리는 크게, 작은 소리는 작게 공명합니다.
칭찬도 비방도 그대로 공명하는
울림의 법칙을 갖고 있습니다.
형제를 헤아리는 그 헤아림으로
네가 헤아림을 받으리라는
주님의 교훈도 같은 원리입니다(마 7:2; 막 4:24).
칭찬하면 칭찬이, 비방하면 비방이 되돌아온다는
울림 법칙을 믿는다면
언어 선택이 신중해질 수밖에 없습니다.

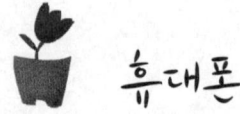 휴대폰

족쇄처럼 성가신 것, 없으면 답답하고 있으면
귀찮은 것이 휴대폰이랍니다.
휴대폰 중독에 걸리면 잠잘 땐 머리맡에,
밥 먹을 땐 국그릇 옆에,
목욕할 땐 욕조 곁에, 길 갈 땐 목에 걸어야 안심이 된답니다.
누가 뭐래도 우리네 삶 깊숙이
자리 잡고 있는 것이
휴대폰이기도 합니다.
수행비서보다 편리한 것, 오만 가지 기능을 탑재한 최첨단
장비, 기술 집약의 걸작품,
그런가 하면 시도 때도 없이 굉음을 내지르는
황야의 무법자, 순기능과 역기능을 공유한 마술피리.
그러나 때와 장소도 못 가리는 사람들의 휴대품이라면
흉물에 불과합니다.
"지금은 예배 시간입니다. 꺼 주십시오."

 ## 아침형 인간

사이쇼 히로시는 《아침형 인간》이라는 자신의 책 속에서
"야행성 생활은 건강도, 인생도 망칠 수 있다"며
100일 동안만 아침 일찍 일어나는 의식적인 노력을
시도해 보라고 권합니다.
그리고 일찍 잠자리에 들지 못하더라도
일찍 일어나는 습관을 기르라고 말합니다.
성공한 사람들의 90%는 모두가
아침형 인간이었다는 것입니다.
건강한 삶, 행복한 인생, 영적 풍요를 누리려면
아침형으로 자신을 재조정해야 합니다.
석 달만 아침 일찍 일어나 새벽제단을 쌓는다면
아침형 인간 대열에 끼는 당당한 사람이 될 것입니다.
내일부터 시작하십시오.

 기도

남북전쟁의 포성이 계속되던 어느 날,
인기 배우 제임스 머독이 링컨의 초청으로
백악관을 방문했습니다.
저녁 식사와 환담이 끝난 뒤 잠자리에 들게 되었습니다.
가까이서 들려오는 포성으로 잠을 설쳐야 했고,
이른 새벽에는 어디선가 들려오는 흐느낌 소리로
잠을 청할 수 없었습니다.
머독은 소리나는 쪽으로 걸음을 옮겼습니다.
그곳은 백악관 안쪽 대통령 집무실이었습니다.
거기서 들려온 흐느낌 소리는 링컨의 기도 소리였습니다.
링컨은 백악관을 기도실로 만들었고
자신의 통치 뿌리를 기도에 두었습니다.
하나님은 기도하는 사람 편입니다.
그들의 손을 들어 주십니다.
내가 기도하면 하나님은 내 손을 들어 주십니다.
그리고 내 편이 되어 주십니다.

게으름

하나님이 아담의 갈비뼈를 뽑아 하와를 만드실 때
"아담을 깊이 잠들게 하셨다"고 했습니다.
시쳇말로 전신마취 후 하와를 지으신 것입니다.
그러니까 아담은 자신의 분신이 창조되는 모습을
잠에 취해 볼 수 없었습니다.
아담의 경우 잠은 통증 감소를 위한 신적 처방이었고,
신비 속에서 진행된 창조의 비밀이었습니다.
낮과 밤이 그러하듯 깨어남과 잠자는 것은
창조의 질서입니다. 잠자지 않고 늘 깨어 있는 것도,
그리고 시도 때도 안 가리고 잠자는 것도 역행입니다.
"시험에 들지 않게 깨어 있어 기도하라"는 것이
주님의 당부입니다. 솔로몬은 현숙한 아내의 덕목을
"밤이 새기 전에 일어나 식물을 나눠 주는 것이라"고 했고,
김남준 님은 "게으름은 거룩한 삶의
은밀한 대적"이라고 했습니다.
바울은 "부지런하여 게으르지 말고 열심을 품고
주를 섬기라"고 했습니다.
게으름의 덫에서 탈출합시다.

 NGO

NGO란 비정부기구(Non-Governmental Organization)의
약자입니다.
1945년 6월 전 세계 50개국 대표가 모여 만든
유엔헌장 제71조에 공식적으로 사용되기 시작한 용어입니다.
자발적 비영리 시민 단체가 NGO의 정체성입니다.
교회는 이 지구상에 존재하는 가장 규모가 큰
비영리 조직입니다.
그래서 이윤 추구나 세 불리기가 목표가 될 수 없습니다.
섬김과 희생, 나눔과 공존의 윤리가 버팀목이 되는 것이
바람직한 교회상입니다.
나눌 수 있다는 것, 섬길 수 있다는 것은 행복입니다.
그리고 그 분량이 커질수록 충격 파장은 넓어질 것입니다.
신선한 충격을 동서남북에 선사하는 교회가 됩시다.

 미소

어떤 평론가도 "모나리자"를
절세미인으로 평가하는 사람은 없습니다.
그럼에도 "모나리자"가 불후의 명작으로 사랑 받는 것은
신비한 미소 때문입니다.
웃는 듯 마는 듯 살포시 포갠 입술 사이로 흐르는
그 미소가 모나리자의 생명력이랄 수 있습니다.
모나리자가 그 얼굴에 독기를 품고
그 입술에 비수를 물었다면
영락없는 구미호 화상이었을 것입니다.
미소는 그 사람의 인상과 품격을 결정짓습니다.
파안대소(破顔大笑)는 어렵더라도 미소짓는 모습이라면
사랑 받는 사람이 될 것입니다.
미소는 폭소의 시발점,
분노는 갈등의 길잡이라는 것을 눈여겨보아야 합니다.
미소 세상이 그립습니다.

 독서

나폴레옹은 52년간 8천 권의 책을 읽었고,
이집트 원정 시 1천 권의 책을 배에 실었다고 합니다.
책 읽는 영웅이었습니다.
세계적인 설교가 스펄전은 3만 권의 장서가였습니다.
빌 게이츠는 하버드 대학교 졸업장보다
독서가 더 중요하다고 했고,
명성을 날리는 TV 진행자 오프라 윈프리는
독서가 내 인생을 바꿨다고 했습니다.
독서는 지성을 밝히고 삶을 푸르게 합니다만
영을 살리진 못합니다.
그러나 성경은 영을 살리고 삶을 변화시킵니다.
위대한 지도자, 그 명이 길었던 사람들은 모두가
성경의 사람들이었습니다.
성경 읽는 사람들! 모두 강한 사람들입니다.

열창(熱唱)

대중가요를 부르는 가수들을 볼 때마다 놀라곤 합니다.
뛰어난 가창력, 다양한 테크닉, 현란한 춤 등.
그러나 더 놀라운 것은 그들의 열창입니다.
땀을 뻘뻘 흘리고, 몸을 흔들고, 소리를 지르고,
얼을 쏟듯 열창하는 모습은 가히 감동적입니다.
그때마다 우리네 찬양 모습이 떠오릅니다.
그리고 '대중 가수들의 열창보다는 우리가 나아야 하는데'
라는 자책이 들곤 합니다.
찬송 시간에 팔짱 끼고 있는 사람,
천장 바라보고 하품하는 사람,
눈감고 사색에 빠진 사람이 있다면
저들의 열창을 배워야 할 것입니다.
영으로, 몸으로, 입으로 열창합시다.
하나님이 기뻐하실 것입니다.
정성 다해 찬미의 제사를 드립시다.
하나님이 받으실 것입니다.

 # 칭찬과 비난

이재명 님은 "칭찬하면 칭찬을 듣는 사람보다 하는 사람이
오히려 먼저 변한다.
사람은 자신의 생각과 말에 영향을 받기 때문이다.
사람은 마음 쓰는 쪽으로 발달한다.
다른 사람의 단점을 찾아 부정적인 이야기만 하는 사람은
어느새 부정적인 모습을 하고 있지만,
좋은 점을 찾아 긍정적인 이야기를 하는 사람은
긍정적인 모습을 하기 마련이다"라고 했습니다.
칭찬과 비난은 동일한 언어로 성립되지만
마음의 뿌리는 하늘과 땅 차이만큼 다릅니다.
둘 다 산울림처럼 돌고 돌아
내게로 돌아오는 공통점이 있습니다.
칭찬받으려면 칭찬하십시오. 비난을 원하면 비난하십시오.
금방 혹독한 비난이 당신에게로 쏟아질 것입니다.

 # 가정

벳솔은 "하나님은 태초에 가정을 만드셨다.
그러나 사탄은 그 가정을 파괴했다.
오늘도 사탄은 가정을 파괴하려 든다.
파괴하지 못하면 흔들기라도 한다"고 했습니다.
현대 가정은 다양한 도전에 노출되어 있습니다.
하나님의 의지는 가정의 안정과 행복이지만
사탄의 의지는 가정의 붕괴에 있습니다.
유혹, 시험, 의심, 회유, 이간질, 무고, 비난 등
사탄이 활용하는 도구는 다양합니다.
그러나 믿음과 사랑 위에 세운 가정은
모진 비바람도 이겨 낼 수 있습니다.
가정을 지킵시다. 예수 가정 만듭시다!

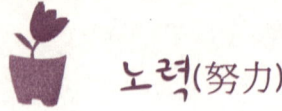 # 노력(努力)

〈리더스 다이제스트〉에 발레리나 강수진 씨
얘기가 실렸습니다.
유럽 무대를 주름잡는 자랑스러운 한국인입니다.
글 중에 실린 그녀의 발 그림은 가히 충격적이었습니다.
'ET 발' 이라는 별명이 붙었다는 그녀의 발은
무대를 훨훨 나는 백조의 발이 아니었습니다.
굵은 뼈마디, 견디다 못해 퉁겨진 관절,
결코 미인 발이 아니었습니다.
오늘의 영광과 성공으로 자신을 이끈 발이어서
여인의 자존심을 접고 발 그림을 공개했다는 것입니다.
노력 없는 성공, 고난 없는 영광,
믿음 없는 구원을 기대하지 마십시오.
천국은 힘쓰는 자가 빼앗는다는 말씀을
두 번, 세 번, 그리고 열 번 새깁시다.

삼사일언(三思一言)

생각 없이 말하는 사람, 한 번 생각하고 세 번 말하는 사람,
세 번 생각하고 한 번 말하는 사람이 있습니다.
삼사일언(三思一言)의 사람들은 생각이 깊고
말을 아끼는 사람들입니다.
스펄전은 "황언자들 속에 사느니 이리 떼와 함께 사는
편이 훨씬 낫다"고 했습니다.
여인의 얼굴은 다듬을수록 고와집니다.
언어 역시 다듬고 아낄수록 향기를 발합니다.
그렇다고 꼭 해야 할 말을 아낄 필요는 없습니다.
필요한가, 유익한가, 진실인가,
세 번 생각하고 한 번 말한다면
말로 인한 화를 피하게 될 것입니다.

 인생 채널

조엘 오스틴은 "텔레비전 프로가 맘에 들지 않으면
생각하고 자시고 할 것도 없다. 채널만 바꾸면 그만이다.
같은 이치로 우리는 부정적인 과거의 이미지가
갑자기 마음에 떠오를 때
마음의 채널을 바꿀 줄 알아야 한다"고 했습니다.
수십 개가 넘는 TV 채널이 리모컨 하나로 바뀝니다.
한 군데 채널을 고정시키고 싫든 좋든
들여다보는 사람은 없습니다.
보다 더 나은 채널이 기다리고 있기 때문입니다.
우리에겐 얼마든지 더 좋은 인생의 채널이 있습니다.
미래, 비전, 영원, 생명이라는 채널로 바꿉시다.
절망, 패배, 실패, 좌절이라는 어두컴컴한 채널에
인생을 고정시키지 맙시다.
밝고 신나는 삶을 선택합시다.
그것은 그리스도와 함께하는 삶입니다.

 ## 편한 것만이 좋은 것은 아니다

안횡균은 《내 몸의 생체학》이라는 자신의 책 속에서
"우리는 흔히 푹신푹신한 의자에 푹 파묻혀 앉기를 좋아한다.
그렇게 앉으면 편하게 느껴지기 때문이다.
그러나 이렇게 앉을 때
허리 근육은 푹 파묻힌 자세에서
구부러진 척추를 바로잡느라
점점 피로해진다"라고 했습니다.
앉는 자세뿐이겠습니까?
신앙생활도 편의 위주로 편성되면
신앙 각 부위에 문제가 일어납니다.
제멋대로 공을 다루는 사람은 결코 대표 선수가
될 수 없습니다.
통제도 간섭도 없는 신앙생활은 성장이 어렵습니다.
고된 훈련과 룰을 따르지 않고 제멋대로 사는 사람이라면
신앙의 거목이 되기 어렵습니다.
편한 것만이 좋은 것은 아닙니다.

 체질

권도원 박사는 사람의 체질을 여덟 가지로 구분했습니다.
그리고 그 체질에 이로운 것과 해로운 것이
어떤 것들인가를 밝혔습니다.
아무리 값지고 귀한 것이라도
자신의 체질에 맞지 않으면 해가 되고,
땅 위에 홀로 핀 잡초라도
체질에 맞으면 보약이 된다는 것입니다.
그래서 이로운 것과 해로운 것을 구분하고 골라 먹으면
건강이 호전되고 회복된다는 것입니다.
음식 문화의 발달과 함께 패스트푸드가 유행하고 있습니다.
특징은 쉽게, 입맛 나게 먹을 수 있다는 것입니다.
그러나 몸에는 해롭다는 것이 전문가들의 얘기입니다.
하나님의 말씀은 영원한 양식이고, 보약입니다.
다른 것에 군침 흘리지 말고 말씀을 먹고삽시다.
영혼의 건강을 위하여!

제4계명

언젠가 "급행예배 전문 목사"라는 기사를 보았습니다.
일 년 내내 관광객이 끊이지 않는
미국 플로리다 주 펜사콜라 시의 어느 목사님은
"10분만 늦으면 예배는 끝나고 맙니다"라는 광고와 함께
오전 8시에 시작한 예배를 단 22분 만에
끝낸다는 것이었습니다.
그 이유는 넘실거리는 파도와 햇살의 유혹이
탐욕이나 정욕, 시기보다 더 큰 유혹이라는 판단 아래
그처럼 짧고 빠르게 예배를 드리게 되었다는 것입니다.
하나님께서는 "안식일을 기억하라"고 말씀하십니다.
이것은 우리가 그 날을 잊어버리기 쉽지만
기억하도록 힘써야 한다는 것을 말합니다.
안식일이 되기 전에 그 날을 기억합시다.
안식일이 되어서는 준비한 대로 거룩하게 지키고
의무를 다합시다.

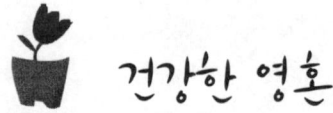
건강한 영혼

디팩 초프라는 《더 젊게 오래 사는 법》이라는
자신의 저서 속에서 "인간의 생리 조직은 창조력을 표현으로,
생각을 행동으로 바꾸기 위해 만들어진
정교한 생물학적 도구이다.
만일 당신의 심장 혈관 조직과 호흡기 조직이
충분히 운동하지 않으면
심장 질환, 고혈압, 다양한 종류의 암에 걸릴 위험이
높아지게 된다"라고 했습니다.
영혼의 구조는 신체 구조에 비해 수천만 배 정교합니다.
영혼의 건강과 활력을 지속적으로 유지하려면
영혼의 양식(말씀) 먹기 운동과 숨쉬기(기도) 운동을
계속해야 합니다.
그래야 건강한 그리스도인이 될 수 있습니다.
운동 정체는 곧 위험 신호입니다.

 ## 걸작과 명작

강남 어느 길목, 운전자 두 사람이 멱살을
움켜쥔 채 싸우고 있었습니다.
지나는 사람들은 웬 구경이냐는 듯 바라보고 있었습니다.
보나 마나 "왜 끼어들었느냐. 네 탓이다"라며 시비를 가르다
열이 뻗쳐 멱살잡이로 발전했을 것입니다.
세계 어느 곳에서도 볼 수 없는 진풍경을
우리는 심심찮게 구경할 수 있습니다.
그들이 그때 거기서 "죄송합니다. 다친 데는 없으신지요.
제가 큰 실수를 했군요.
긁힌 부분은 제가 수리해 드리겠습니다",
"괜찮습니다. 저도 운전이 서툰 편이랍니다. 이 정도여서
다행입니다"라며 면허증 번호와 명함을 주고받았다면……
그리고 그 일이 다음날 일간지 하단에
열 줄 기사로 실렸다면 얼마나 좋았을까요.
우리네 약점은 서둘고 보채고 공격적인 데 있습니다.
우리가 세계 시장을 석권하고 세계사의 중심에 서려면
'천천히 확실하게'를 익혀야 합니다.
걸작과 명작은 서둘러 만들어지지 않기 때문입니다.

 ## 해지도록 분을 품지 말라

미국 UC 버클리 대학교 존 스워츠버그 박사의
〈분노와 건강의 연관성에 관한 연구 보고서〉에 의하면,
오랫동안 분노를 해소하지 못하면 면역 체계 악화는 물론
다른 건강 문제의 원인이 될 수 있다는 것입니다.
분노나 적개심은 흡연이나 음주 등 나쁜 습관을 유발하고
스트레스 호르몬 분비를 촉진해 면역력 약화를
초래한다는 것입니다.
더욱이 적개심은 심장 혈관 질환을 악화시켜
발작을 일으킬 수 있다고 했습니다.
별로 기분 좋은 얘기는 아닙니다만 분노나 적개심을 향한
경종임엔 틀림없습니다.
먹이 사냥 때문에 늘 긴장과 분노로 지내는 사자는
그 수명이 짧다고 합니다.
"해가 지도록 분을 품지 말라"(엡 4:26)는 말씀이
새롭게 다가섭니다.

주와 함께

길가에서 울고 있는 아이가 있었습니다.
서럽게 서럽게 엄마를 부르며 울고 있었습니다.
한쪽 손엔 솜사탕, 다른 손엔 새우깡을 든 채
울고 있었습니다.
우는 사연은 엄마가 길 곁 화장실에
들어갔기 때문이었습니다.
잠깐이면 되는 시간, 양손엔 풍성한 먹을거리,
그래도 그 아이에겐 엄마가 소중했습니다.
현대인은 물질적 풍요와 질펀한 향락 문화에 취해 있습니다.
갈 데도 많고, 할 일도 많고, 먹을거리, 놀 거리도 풍성합니다.
그러나 영혼 깊은 곳엔 고독과 아픔이 깔려 있습니다.
이유는 주님을 멀리하고 있기 때문입니다.
울고 있는 아이의 불안은 엄마의 얼굴을
보는 순간 사라집니다.
인간의 고독과 불안은 주와 함께하는 순간
씻은 듯이 사라집니다.
주와 함께! 주님을 위하여! 주님 때문에!

 ## 기도의 휘파람을

1925년 독일 대통령에 취임한 힌덴부르크의 경우
90평생 성난 얼굴을 본 사람이 없었다고 합니다.
심지어 그의 비서관까지도 분노 띤 그의 얼굴을
본 일이 없었다고 합니다.
어느 날 기자가 대통령에게 물었습니다.
"각하는 천사입니까?"
"나는 사람이지 천사가 아니네."
"그럼 어떻게 화를 내지 않습니까? 화낼 일이 없습니까?"
"나라고 화날 일이 없겠는가? 그럴 때면 나는 휘파람을 불어
분노를 삭이곤 한다네."
대통령의 분노를 날리는 비결은 휘파람이었습니다.
갑자기 교회 안에 휘파람 소리가 커질까 걱정입니다.
우리에겐 휘파람 말고 기도가 있습니다.
화날 때, 분노가 치밀 때, 격정이 솟구칠 때,
30초, 40초, 50초 숨을 가다듬고 기도합시다.
휘파람보다 더 쉽게 분노를 다스릴 수 있을 것입니다.
기도의 휘파람을!

교만

"교만한 사람들은 모두가 쫓겨났거나 넘어졌다.
느부갓네살은 인간 사회에서 쫓겨났고,
사울은 왕국에서 쫓겨났고,
아담은 에덴 동산에서 추방당했고,
하만은 페르시아 궁중에서 쫓겨났다.
그리고 천사 루시퍼는 하늘에서 쫓겨났다"라고
H. 스미스는 말했습니다.
C.S. 루이스는 "교만은 가장 본질적인 악이며,
최상의 악이며, 최대의 악"이라고 했습니다.
교만한 사람들은 자기 행위를 다른 사람에게
강요하고 자신을 삶의 기준으로 삼습니다.
그들은 자신의 신앙과 삶이 가장 고상하다고 여기기 때문에
자신이 설정한 기준으로 남을 정죄하고 평가하려 듭니다.
그러나 의의 기준은 하나님께 있습니다.
옳고 그른 것을 결정짓는 척도를 자신에게 두는
사람들을 주님은 책망하셨습니다.
"교만한 자를 물리치신다", "교만은 멸망의 선봉이다"라는
말씀을 마음 깊이 새깁시다(약 4:6; 잠 18:12).

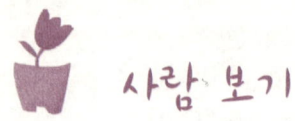
사람 보기

에이브러햄 링컨이 대통령 재임 시 각료로 임명할 사람을
추천받았습니다.
그를 인터뷰한 링컨은
"나는 그런 형의 얼굴을 좋아하지 않는다.
사람은 40대가 되면 자기 얼굴을 책임질 수 있어야 한다"라며
각료 선임을 거부했다고 합니다.
링컨이 말한 얼굴은 꽃미남이어야 한다는 것은 아닙니다.
그 사람의 마음은 얼굴을 통해 드러납니다.
늘 찡그리고 성난 얼굴은 마음의 표상입니다.
마음을 바꾸지 않는 한 값비싼 성형도
정체를 감추지 못합니다.
우리의 마음을 예수의 마음으로 바꾼다면,
하나님의 각료로 입각할 수 있을 것입니다.
얼굴을 바꿔야 합니다.

 ## 내 모습 이대로

영국왕립외과학회 연구 팀의 연구에 의하면,
아스피린은 코팅된 것과 안 된 것으로 분류되는데,
코팅된 것은 위장 장애가 적은
장점이 있지만 대신 흡수력이
떨어진다는 것입니다.
매일 75명의 사람에게 적은 양의 아스피린을
2주간 복용케 한 후 혈액 샘플을 채취해 검사한 결과,
코팅된 아스피린의 체내 흡수 비율이 3분의 2밖에
안 된다는 사실을 밝혀냈습니다.
아스피린을 코팅하듯 자신을 과대 포장하거나
코팅하는 사람이 있습니다.
그런 현상을 은폐, 혹은 위장이라고 합니다.
그러나 우리가 주님 앞에 설 때마다 조심할 게 있습니다.
그것은 "내 모습 이대로"라야 한다는 것입니다.
그래야 구원과 치유가 가능하게 되기 때문입니다.
내 모습 이대로!

 ## 지금, 여기

천재일우(千載一遇)라는 고어가 있습니다.
천년에 한 번 돌아온다는 뜻으로
좀처럼 만나기 어려운 좋은 기회를 이르는 말입니다.
기회란 항상 오거나 머무는 것이 아닙니다.
누구에게나 기회가 주어집니다.
그러나 그 기회를 내 것으로 붙잡는 사람은 흔치 않습니다.
바울은 "보라 지금은 은혜 받을 만한 때요 구원의 날이라"고
했습니다(고후 6:2).
지금 여기가 중요하다는 뜻입니다.
극히 사소한 일로 다투고 시간을 낭비하면서
자신의 삶과 연관된 중요한 일은
지나치는 사람들이 있습니다.
그리고 내일이나 훗날로 미룹니다.
그러나 오늘 여기가 가장 중요한 결단의 현장이며
시점임을 깨닫는다면, 내일로 미룰 수 없을 것입니다.
신앙은 결단입니다. 오늘 여기서 결단해야 합니다.

 ## 성경 읽기

"나는 성경을 하나님께서 인간에게 주신 가장 큰
선물이라 믿습니다.
나는 하나님의 선물인 성경의 보화를 캐기 위해
날마다 성경을 묵상했습니다.
이 성경 속에는 예수 그리스도의 모든 값진 보화들이
다 들어 있기 때문입니다."
미국 제16대 대통령 링컨이 남긴 말입니다.
링컨이 받은 정규 교육은 통산 1년 정도에 불과합니다.
그러나 그는 어머니가 물려준 낡은 성경 속에서
인생과 삶 그리고 성공과 풍요의 길을 찾았습니다.
책 읽기 좋은 계절입니다. 성경을 읽읍시다.
영혼의 풍요를 위하여, 행복한 삶을 위하여!
링컨의 어머니는 아들에게
"내가 너에게 100에이커(12만 평)의 땅을 물려주는 것보다
한 권의 성경을 물려주는 것을 기뻐한다"라며
성경을 물려주었습니다.
소슬바람 부는 독서의 계절에 성경을 읽읍시다.

# 용서

〈다락방〉에 실린 글을 소개합니다.
"자동차 사고가 크게 났습니다.
술 취한 운전자가 뒤에서 우리 밴을 받았습니다.
우리 차는 두 바퀴나 구르고 엉망이 됐습니다.
그 사람의 무책임한 행동 때문에 사랑하는 두 아이와
저의 목숨이 위태로울 뻔했습니다.
화가 나고 원망스럽고 분개한 저는
그 사람을 도저히 용서할 수 없었습니다.
그런데 문제는 용서하지 않은 그 일이 제게
독이 됐다는 것입니다.
제가 그 사람을 용서했을 때 제 영혼 깊숙이
침투했던 독도 사라졌습니다.
용서가 제 자신을 치유한 것입니다."
원한, 분노, 증오는 나 자신을 해치는 독입니다.
용서는 나를 치유하는 양약입니다.
그러기에 주님은 일흔 번씩 일곱 번이라도
용서하라고 말씀하셨습니다.
용서는 나를 위한 결단입니다.

 가족

강원대학교 생명과학부 권오길 교수는
"올챙이도 친족을 알아본다"라는 글을
〈주간조선〉에 실었습니다.
물고기 떼, 새 집단, 원숭이 무리는 겨레붙이를 알아보는데
이런 것을 친족 인지(親族認知)라고 부른다는 것입니다.
우선 떼를 지으면 천적을 발견하여 도망치기가 용이하고
소리 지르기도 쉽다는 것입니다.
식물도 친족을 알아보고 서로 신호를 보내며
같은 무리를 알아차린다고 합니다.
그리고 벌레가 달려들면 옆의 친구에게
그 사실을 알려준다니,
동식물의 세계에 존재하는 친숙도나 인지력이 놀랍습니다.
사람에겐 저마다 가족이 있고 이웃이 있습니다.
서로 돕고 친화적 관계를 엮어 나가는 것이
창조의 질서입니다.
가족과 함께 정을 나누고 하나님의 사랑을 감사합시다.
가족은 그 무엇보다 소중한 선물입니다.

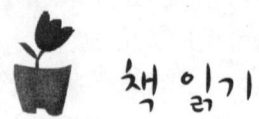 책 읽기

1980년 버클리 대학 심리학 연구소의 발표에 따르면,
성공한 사람들에게는 그들만의 특징이 있다는 것입니다.
그것은 강한 집중력, 살아 있는 감성, 창의적 사고,
정직한 성품, 풍부한 독서입니다.
성공적 리더십에는 반드시 독서가 있기 마련입니다.
정보 통신 발달의 장점은 무한 정보를 인터넷 사이트로
얻을 수 있다는 것이고,
단점은 독서를 고사시켰다는 점입니다.
가까운 일본의 지하철 풍경은 남녀노소 할 것 없이
뭔가를 읽고 있습니다.
그러나 우리네 모습은 눈을 감고 있거나,
휴대전화로 수다를 떨거나, 아니면 신문을 읽는 정도입니다.
그래서 베스트셀러가 가뭄에 콩 나듯 하는
나라이기도 합니다.
책 읽기 좋은 계절에 한 권 이상 책을 읽읍시다.
그리고 책 중의 책, 영원한 베스트셀러, 성경을
한 번 이상 꼭 읽도록 합시다.

 ## 사해 교훈 1

이스라엘과 요르단 중간에
죽음의 바다로 불리는 사해가 가로놓여 있습니다.
보통 바닷물의 염도는 4.5%인데 비해 사해는 31.5%여서
생물의 서식이나 부존이 전혀 불가능하며,
사해 물이 눈에 들어가면 실명의 위험까지 있다고 합니다.
사해는 지중해보다 400미터나 낮은 데
위치하고 있는 탓으로
빗물이나 강물이 흘러 들어가긴 하지만
빠져나갈 곳이 없습니다.
출구가 없는 셈입니다. 죽은 바다, 숨 쉬지 못하는 바다,
별 매력이 없습니다. 생명이 없기 때문입니다.
바른 신앙은 바른 행동을 낳습니다.
행동하지 못하는 신앙은 사해 신앙입니다.
받았으면 나눠야 하고, 거뒀으면 뿌려야 하고,
벌었으면 써야 합니다.
이웃을 모르는 그리스도인은 사해가 고향입니다.
그리고 사해로 돌아갈 것입니다.

 ## 감사와 불평의 차이

짚신과 나막신을 파는 두 아들을 둔 어머니가 있었습니다.
비가 와도 울고 해가 떠도 웁니다.
비 오면 짚신이 안 팔리고 해 뜨면 나막신이
안 팔린다는 이유 때문입니다.
그에게 어느 현자가 깨우침을 주었습니다.
"웃으십시오. 감사하십시오.
해 뜨는 날엔 짚신 잘 팔려 좋고,
비 오는 날엔 나막신 잘 팔려 좋고……얼마나 좋습니까?"
옛날 초등학교 국어책에 수록된 이야기입니다.
어떻게 보느냐, 어떻게 해석하느냐에 따라
감사와 불평은 편을 가릅니다.
동일한 악조건 속에서 감사하는 사람은
좋은 쪽을 보기 때문이고,
투정하고 원망하는 사람은
안 좋은 쪽만을 보기 때문입니다.
내 안에 자리 잡고 있는 불평을 추방하고
감사의 영역을 넓혀 나갑시다.

 ## 기초

고층 건물은 기초가 든든해야 합니다.
기초가 부실하면 건물 벽에 금이 가고
붕괴 위험에 이르게 됩니다.
기초란 깊이 파는 것만으로 되는 것은 아닙니다.
건축 구조물을 세울 수 있는 지반이며 구조가
제대로 짜여져야 합니다.
고상한 그리스도인이 되겠다며 깊이
파 들어가려는 사람들이 있습니다.
그러나 그보다 더 중요한 것은 그 위에 집을
지을 수 있느냐입니다.
공산주의 이념과 사상 위에 집을 지으려던
사람들은 모두 무너졌습니다.
지식과 물량 위에 탑을 쌓으려던 사람들 역시 무너졌고,
무너져 가고 있습니다.
영원한 반석, 불변의 기초는 오직 예수 그리스도뿐입니다.
그 위에 집을 짓고 삶을 세웁시다.

 # 흔히 범하는 죄

"가장 보편적이고 흔히 볼 수 있는 것들,
하나님의 가장 분명하고 확실한 은총,
아침이면 어김없이 떠오르는 태양,
열매를 맺도록 내리는 여름날의 소나기,
온화한 계절풍, 생명의 영위 등,
그 어떤 것에도 감사드리지 않는 것은
우리가 흔히 범하는 죄이다."
케임브리지 대학교 교수였던 배로우가 남긴 말입니다.
그렇습니다. 너무나 일상적인,
그래서 아무 일도 아닌 것처럼
감사치 않는 것은 우리가 흔히 범하는 죄입니다.
감사의 조건은 주변에 널려 있습니다.
그 어느 것 하나도 감사 아닌 것이 없습니다.
짐승도 먹이를 주면 고마움을 몸짓으로 드러냅니다.
인간은 만물의 영장입니다.
그렇다면 하나님의 은혜를 감사해야 하지 않습니까?

 소통

"뇌의 굵은 혈관이 막히는 현상을 뇌경색이라고 한다.
뇌경색 전 단계에는 반드시 가는 혈관이 막히는
현상이 일어나며
막힌 부분의 세포는 점차 죽어간다.
이것이 이른바 치매의 시작이다.
30대 후반이 되면 이런 형태로 하루 약 10만 개 정도의
뇌 세포가 죽어간다."
하루야마 시게오가 《뇌내 혁명》에서 한 말입니다.
세포는 나이와 비례해 죽어가게 마련이지만
혈관이 막히면 그 비례가 높아진다는 것입니다.
신앙 역시 소통의 혈관이 막히면
세포 고사 현상이 일어납니다.
그리고 영적 치매 현상이 벌어집니다.
신체 기능이 마비되고 판단력과 기억력이 감퇴되는가 하면,
자아 조절 능력이 약화되는 치매처럼
영적 기능이 약화되다가
결국은 무너져 내리게 됩니다.
건강한 그리스도인의 삶은 하나님과의 소통에 있습니다.

등불을 켜는 이유

칠흑처럼 어둔 밤 한 사람이 길을 가고 있었습니다.
그때 맞은편에서 등불을 든 사람이 오고 있었습니다.
가까이에서 본 그는 맹인이었습니다.
그에게 물었습니다.
"당신은 앞을 보지 못하면서 왜 등불을 들고 있습니까?"
그의 대답입니다. "나는 보지 못하지만 눈 뜬 사람들은
볼 수 있지 않겠습니까"
탈무드에 나오는 이야기입니다.
자기 길을 밝히기 위해 등불을 켜는 사람이 있습니다.
다른 사람의 길을 밝혀주기 위해 등불을 드는
사람들이 있습니다.
우리 시대는 후자들이 필요합니다.
자애(自愛)와 이기심으로 치닫는 사회를
밝히는 등불이 있어야 합니다.
그래야 부딪치지 않는 사회,
마음 놓고 거니는 나라가 될 것이기 때문입니다.

 # 엄마, 울보야?

우울 증세로 징징대며 우는 엄마가 있었습니다.
싸우고 울고, 외롭다며 울고, 슬퍼서 울고,
눈 내리고 바람 불고 비 내리고 해가 떠도 웁니다.
유치원 다니는 딸아이가
그때마다 "엄마는 울보야?"라며 종알댑니다.
교회만 오면 우는 엄마가 있었습니다.
찬송 부르다 울고, 기도하다 웁니다.
설교마다 족집게처럼 자기 얘기여서 웁니다.
곁에 앉아 함께 예배드리는 다섯 살 딸아이가
고사리손으로
흘러내리는 엄마의 눈물을 훔쳐 주며
"엄마는 울보야?"라며 놀려댑니다.
두 여인의 눈물, 성분은 같지만 성격은 다릅니다.
그리스도 안에 있는 모든 것, 기쁨, 눈물, 상처,
아픔, 성공, 실패,
한꺼번에 용해되어 새롭게 새롭게 빚어집니다.
청자보다 더 고운 자태로.
일컬어 그리스도인이 되는 것입니다.

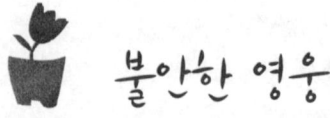 불안한 영웅

프랑스 황제 나폴레옹,
그는 세계를 휩쓴 전쟁 영웅이었습니다.
그에게 물었습니다. "장군은 어느 때가 가장 두렵습니까?"
"나는 이발할 때가 가장 두렵다.
면도칼이 내 목 위를 왔다 갔다 할 때면 불안하기 그지없다.
그래서 나는 면도할 때마다 병사를 시켜
이발사 아들을 붙잡아
그 목을 잡고 있게 한다.
그것은 이발사가 내 목을 베는 날이면
그 아들의 목도 잘린다는 것을 일깨워 주기 위해서이다"
라고 대답했다고 합니다.
전쟁 영웅 치고는 소심하기 짝이 없는 발상이고 행동입니다.
그러나 그것은 공통된 현상입니다.
자신을 믿는 사람은 늘 불안합니다.
힘을 믿는 사람은 수시로 불안합니다.
그러나 하나님을 믿는 사람은 언제 어디서나
겁 없는 용사가 됩니다.
주는 나의 힘이시기 때문입니다.

 # 기도

죠지 뮬러(George Muller)는 5만 번 이상
특별한 기도 응답의 생생한 체험을 가진 사람입니다.
어느 날 고아원 원생들과 함께 빈 식탁에 둘러앉았습니다.
빵도, 버터도, 잼도 다 떨어졌기 때문에
먹을거리라곤 아무것도 없었습니다.
뮬러는 원생들과 함께 "주님, 오늘도 좋은 음식 먹게 하심을
감사드립니다"라며 식사 기도를 드렸습니다.
오늘도 하나님이 일용할 양식을 주시리라는 것을
믿었던 것입니다.
식사 기도가 끝났지만 만나는 내리지 않았습니다.
정적이 흘렀습니다.
잠시 후 자동차 경적 소리가 울렸습니다.
제빵 회사에서 빵을 잔뜩 싣고 온 것입니다.
어린아이 같은 믿음, 어리석어 보여도
그런 기도를 들으십니다.
따지고, 생각하고, 앞뒤를 재는 사람은 기도가 어렵습니다.
기도! 위대한 힘입니다.
기도하는 사람은 겁나는 사람입니다.

 ## 지갑을 열고

1785년 1월 4일 존 웨슬리가 남긴 일기장.
"매년 이맘때가 되면 가난한 이들에게 석탄과 빵을
나눠 주러 다닌다.
그러나 그들에겐 입을 옷도 필요하다.
그래서 앞으로 나흘 동안 나는 거리를 돌며
200파운드를 모금할 생각이다.
결코 쉬운 일은 아닐 것이다.
눈 녹은 거리를 돌다 보면 내 발목까지
푹푹 빠지게 될 것이다.
그러나 그 일은 토요일까지 계속해야 한다.
그것은 내 마음속에서 용솟음치는 사랑의 열정 때문이다."
야고보는 행함이 없는 믿음은
죽은 것이라고 했습니다(약 2:17, 26).
그리스도인의 사랑은 하나님께로부터
받은 사랑을 나누는 데서 시작됩니다.
우리의 약점은 나눔과 섬김을 소홀히 하는 것입니다.
추운 겨울, 우리의 사랑을 기다리는 이웃들을 향해
손을 펴 지갑을 엽시다.

라 과디아(La Guardia)

빵 한 개를 훔친 죄로 기소된 노인이 있었습니다.
굶주림에 지친 가족들 때문이었노라며
선처를 호소하고 있었습니다.
재판장 라 과디아(Fiorello La Guardia)는
법 앞에 예외가 없다며 10달러의 벌금형을 선고했습니다.
노인으로서는 엄청난 벌금이었습니다.
선고가 끝나자 재판장은 노인에게 10달러를 건네주며
"이 돈으로 벌금을 물도록 하시오"라고 말했습니다.
이어서 그는 "이 법정 안에 있는 모든 사람들에게 50센트씩
벌금을 부과합니다"라며 자신의 모자를 돌렸습니다.
그날 그 노인에게는 47달러 50센트의 돈이 전달되었습니다.
훈훈한 이야기입니다. 사랑은 나눌수록 커집니다.
50센트의 선행, 우리 사회를 밝힐 것입니다.

# 어머니 기도

존 웨슬리의 어머니는 기도의 사람이었습니다.
그녀는 많은 자녀들과 남편의 목회 때문에 힘겹고
분주한 나날을 보내야 했습니다.
힘든 가사 노동과 자녀 돌봄,
거기다 남편 내조로 힘이 소진되면
조그만 방으로 들어가 행주치마를 머리에 뒤집어쓰고
기도를 드리곤 했습니다.
아이들은 엄마의 이런 기도 모습을 지켜보며 자랐습니다.
행주치마 뒤집어쓴 엄마의 기도,
바로 그 기도가 웨슬리 형제를 세계적인
사람으로 만든 것입니다.
좋은 학교, 멋진 의상, 영양가 높은 음식보다
엄마의 기도가 자녀를 키우고 변화시킵니다.
어머니의 기도는 자녀를 바르게 키우는
최상의 에너지입니다.

 ## 방 있어요

미국 어느 작은 마을의 성탄절,
아이들이 연극을 하고 있었습니다.
만삭인 마리아가 요셉과 함께 여관 문을 두드렸습니다.
여관 주인 역을 맡은 윌리는 9살이지만
지적 능력이 그보다 훨씬 떨어진 아이였습니다.
그가 맡은 대사는 "방 없어요. 딴 데로 가 보세요"였습니다.
요셉은 계속 간청합니다. "저희는 아주 멀리서 왔답니다.
제 아내는 아이를 낳아야 하고요. 쉴 곳이 필요하답니다."
윌리는 심각한 표정으로 요셉과 마리아를 바라보다가
"방 없어요. 가세요"라고 소리 질렀습니다.
슬픈 표정으로 돌아가는 요셉과 마리아를 바라보던
윌리가 더 큰소리로 말했습니다.
"가지 마세요. 제 안방 드릴 게요. 방 있어요."
물론 대본에는 마지막 대사가 없었습니다.
방 있습니까? "네, 있어요. 제 방을 드릴 게요."
주님! 방 있어요.

제2부
함께

앞으로!

《자기 경영의 법칙》을 쓴 존 맥스웰은
"두 사람이 같은 물건을 보면서도
다른 것으로 인식할 수 있다.
육체적 시각이 중요한 것처럼 정신적 시각 또한 중요하다.
우리는 육체적 시력은 정기적으로 검사하면서
정신적 시력은 왜 주의 깊게 검사하지 않는가!
패배자는 할 일을 바라보며 큰일이어서
힘들겠다고 포기하지만,
승리자는 좋은 기회라며 도전한다"라고 말했습니다.
우리 앞에 새해가 서 있습니다.
하나님이 주신 새롭고 활기 찬 출발점입니다.
겁내지 말고 시작합시다. 도전합시다.
결승점에 이르기까지 중단하지 맙시다.
물러서지 말고 전진합시다.

의미 있는 삶

"의미는 성공과 실패의 문제가 아니다.
의도와 목적의 문제이다.
성공은 대개 권력, 지위, 돈과 같이 외적인 것들로 규정된다.
반면, 의미는 완전히 개인적인 선택의 문제이다.
내면의 가치 차원인 것이다.
따라서 누군가에게 의미 있는 것이
다른 사람에게는 전혀 무의미한 것이 될 수도 있다.
의미는 인생을 구축하는 기둥이다."
《하프 타임》의 저자 밥 버포드의 글입니다.
올 한 해를 어떻게 살 것인가, 사는 의미는
무엇인가를 생각해 보셨습니까?
의미 없는 삶은 실패를 부르는 초인종입니다.
종을 누르자마자 실패가 달려올 것입니다.
마음을 정합시다. 그리고 뜻이 하늘에서 이루어진 것같이
땅에서도 이루어지도록 기도합시다.

권태와 보람

"권태롭다는 것은 할 일이 전혀 없다는 뜻이 아니라,
그토록 바쁘게 매달리는 일의 가치에 회의가 든다는 뜻이다.
우리 시대의 역설은 바쁘면서 권태롭다는 것이다.
이 일 저 일로 뛰어다니지만 내면 깊은 곳에서는
뭐가 달라질지 의문이 일어난다.
사람들이 사방으로 밀쳐대지만 정말로 걱정해 주는 사람이
하나라도 있을지 의문이다.
찬 듯한 삶이지만 못다 찬 기분,
이것이 현대인의 모습이다."
헨리 나우웬의 말입니다.
그러나 보람된 삶을 영위하는 사람들에겐
권태나 회의가 없습니다.
보람된 삶이란 최고의 가치를 추구하는 것이며
그 일을 위해 자신을 투자하는 것입니다.
그래서 하루하루가 행복한 것입니다.
최고의 가치, 최고의 보람은
주님과 함께, 주님을 위하여, 주님 때문에 사는 것입니다.
그토록 보람된 삶을 위해 '나'를 투자하지 않으시겠습니까?

화해 1

"등 돌렸던 사람에게 다가가기로 한 결심은
미지의 세계로 한 발을 내딛는 것이나 마찬가지다.
사실 화나고 상처받고 힘들기는 나도 마찬가지인데
상대에게 먼저 손을 내민다는 것이 어디 쉬운 일인가?
게다가 상대방이 내 손을 잡는다는 보장도 없지 않은가?
이처럼 화해라는 도전에는 늘 위험이 따른다.
오해와 상처, 분노 때문에 인간관계에 문제가 생겼다면
어느 한쪽이 먼저 나서는 용기를 내지 않고는
결코 회복될 수 없다."
로라 데이비스의 책 속에 꽂혀 있는 말입니다.
오해, 파행, 상처, 분노는 누구에게나 있습니다.
문제는 누가 먼저 손을 내미느냐입니다.
십자가의 룰 앞에서는 먼저 손 내미는 사람이 승자입니다.
십자가는 손 내밀고 다 뒤집어쓴 사건이었습니다만
부활과 생명의 승리였습니다.
먼저 손 내밀고 화해를 청합시다.

큰 것과 작은 것

요한계시록 말씀을 보면,
소아시아에 일곱 교회가 있었습니다.
그 이름은 에베소, 서머나, 두아디라, 빌라델비아,
사데, 라오디게아, 버가모입니다.
현지를 방문해 보면 흔적도 없는 교회가 대부분입니다.
그 이유를 한마디로 설명하는 것은 쉬운 일이 아닙니다만,
그러나 분명한 것은 교회를 교회 되게 하는 것은
예수 그리스도와 그를 향한 불굴의 신앙이라는 것입니다.
조직, 직제, 건물 등 외양보다 눈에 보이지 않는 것들이
교회의 존재 가치를 지키는 것입니다.
형식은 필요합니다. 본질을 담는 그릇이기 때문입니다.
그러나 형식이 내용을 침식하면 안 됩니다.
배고픈 사람이 입맛을 다시고 헛기침하는 것보다는
밥을 달라며 조르는 편이 탁월한 선택입니다.
죽은 대(大)보다는 살아 꿈틀거리는 소(小)가 좋습니다.

교회 창립 기념 주일 메시지

1957년 2월 3일, 그 당시 충신교회를 시작한 이들은
대부분 이미 세상을 떠났거나
섬김의 자리에서 물러나 있습니다.
49년 동안 만만찮은 시련도,
오늘의 역사 창출을 위한 산고도 겪어야 했습니다.
지난 역사란 오늘을 위해 그리고 다가올 미래를
위해서일 때 값있는 것입니다.
일부러 어두운 과거를 들출 필요도 없고,
그렇다고 아무개 자서전처럼 포장할 필요도,
중요한 것은 앞을 향한 비전입니다.
우리에겐 세계로 뻗고, 세계와 함께하려는
젊은 비전이 있습니다.
충신의 사람들, 예수의 사람들이 전 세계를 누비며
예수 깃발을 흔들고 꽂을 그날의 그림을 그립시다.

통과

"아무리 성공한 사람이라도 고난과 시련이 있고
일이 뜻대로 풀리지 않을 때가 있기 마련이다.
불행이 찾아올 때 무조건 자신이 잘못해서
벌을 내리시는 것이라 생각하는 사람이 있다.
하나님이 주시는 모든 시련에는 신성한 목적이 있다는
사실을 모르기 때문이다.
하나님이 직접 시련을 만드시지는 않지만
때로 우리가 시련을 통과하게 만드신다."
조엘 오스틴이 《긍정의 힘》이라는
그의 저서 속에서 한 말입니다.
목적지는 뉴욕인데 동경을 경유하는 비행편이 있습니다.
동경은 잠시 들를 뿐입니다.
하나님이 설정하신 목적지는 구원, 영생, 행복입니다.
먼 길이어서 잠깐씩 들르는 곳이 있습니다.
거기가 바로 고통, 실패, 아픔이라는 곳입니다.
그러나 거기는 통과역이지 종착역은 아닙니다.

혀 1

"왜 혀는 그렇게 파괴적인 힘을 갖고 있는가?
그것은 혀가 본성적으로 교만하여 다른 사람을 치기 원하는
마음의 생각과 느낌을 말하기 때문이다.
우리가 원하든 원하지 않든 우리의 말은
우리가 누구인지를 나타내 주고 있다.
말은 인간 마음의 살아 있는 표현이다.
우리는 비하하는 말, 모욕, 무례하고 쓸모없는 말,
어떠한 결과를 낳을지 알면서 하는 저주 등으로
가득 찬 시끄러운 세상에 살고 있다."
빌 가서드 목사가 쓴 《인생을 바꾸는 축복의 말》 안에
실린 글입니다.
세 치 혀의 놀림은 무한정 자유롭고 영향력도 큽니다.
살리기도 하고 세우기도 하는가 하면,
죽이기도 하고 파괴하기도 합니다.
혀 놀림이 가벼운 사람들은 자신의 혀가
자신을 무너뜨리는 덫이 된다는 사실을 알아야 합니다.
그리고 "혀는 곧 불이요"(약 3:6)라는 야고보 사도의 교훈을
귀담아 들어야 합니다.

감람나무

나무란 크기와 생김에 따라 용도와 가치가 다릅니다.
기둥감이나 땔감이 되기도 하고,
침목이나 관상수가 되기도 합니다.
성지에 감람나무가 많습니다.
5천 년 넘게 자랐다지만 크기는 사람 키에 불과합니다.
그런데 그 용도는 전체적이고 다양합니다.
나무는 조각목으로, 열매는 식용으로,
열매에서 추출한 올리브유는 식용과 약용으로,
그리고 쓰고 남은 부스러기는 땔감으로 사용됩니다.
그 어느 것 하나 용도 폐기할 수 없는 나무입니다.
감람나무와 사람의 경우를 대비시킬 수 있습니다.
언제 어디에 내놓아도 쓸모 있는 사람,
존재 가치를 인정받는 사람,
그래서 모든 사람으로부터 칭송 받는
감람나무 같은 사람이 됩시다.

좋고 나쁘고

흔히 사람됨을 평할 때 '좋다, 나쁘다'로 표현합니다.
그런데 그 기준이 모호할 때가 많습니다.
일반적으로 적용되는 기준이라는 게
나한테 잘하면 좋은 사람, 잘못하면 나쁜 사람입니다.
거기다 일관성을 지키는 것이 어렵다 보니,
어제는 나한테 잘하다가 오늘은 잘못하는 경우
하루 사이에 좋은 사람이 됐다가 나쁜 사람이 되기도 합니다.
여기서 문제가 되는 것은 '좋다, 나쁘다'를 가늠하는 척도를
'나'에게 둔다는 것입니다.
어떻게 내가 선과 악의 표준 잣대가 될 수 있습니까?
하루 동안에도 감정의 기복이 다르고,
변화무쌍한 나를 캐논으로 삼고
타인을 평한다는 그 발상 자체에 문제가 있습니다.
영원한 의의 표준은 오직 한 분뿐입니다.
그분만이 "좋고 나쁘고",
"의롭고 불의하고"를 결정짓습니다.
그분은 유일신 하나님이십니다.

힘

어느 날 개미들의 수송 작전을 지켜본 일이 있습니다.
자기 몸집보다 수십 배가 넘는 먹이를 옮기는
대역사(大役事)였습니다.
새까맣게 달라붙은 개미 떼들은 그 먹이를
목적지로 이동시키고 있었습니다.
그것은 미물로 치부 당하는 곤충력의 집합이었으며,
예지였습니다.
개미 하나의 힘으로는 어림도 없는 일을 집합된 힘으로
해내는 모습은 많은 것을 생각하게 해주었습니다.
흔히 사람은 만물의 영장이라며 그 힘을 과시합니다.
그러나 피부에 돋아나는 염증 하나도 다스리지 못합니다.
거기서 한 발짝만 더 나가면
고통, 실패, 죽음이 기다립니다만
제 힘으로 해결할 수 있는 것은 아무 것도 없습니다.
힘 있으면서 힘 없는 존재, 거기가 인간의 현주소입니다.
시인은 "나의 힘이 되신 여호와여
내가 주를 사랑하나이다"(시 18:1)라고 고백합니다.
그 힘이 최강력임을 믿었기 때문입니다.

꽃샘추위 1

봄이 오면 찾아오는 불청객이 있습니다.
그것은 꽃샘추위와 황사입니다.
기나긴 겨울이 가고 꽃망울을 터트리는 봄이 오면
동토가 풀리고 온갖 생명들이 겨울잠에서 깨어납니다.
그때쯤이면 어김없이 꽃샘추위가 닥칩니다.
올해만 해도 영하 4도 아래로 떨어지는 혹한을 기록했습니다.
흔히 꽃샘추위는 봄날을 시샘하는 추위라고 말합니다.
날이 날을 시샘한다는 그 어휘 자체가 맘에 들지 않습니다.
황사는 어떻습니까?
국경 넘어 중국에서 몰려오는 모랫바람입니다.
산야를 뒤덮고 문 틈새에도 끼어듭니다.
기관지를 병들게 합니다.
시샘하는 삶, 행복하지 않습니다.
모랫바람, 바람직하지 않습니다.

야구 이야기

경기란 승패가 있게 마련입니다.
승패를 겨루지 않는 게임은 대부분 지루합니다.
상대와 맞붙은 경기일수록 박진감이 넘치고
결과에 거는 기대가 큽니다.
지난 주일 미국 샌디에이고에서 있었던 한·일 야구전은
전 국민의 이목을 집중시킨 경기였습니다.
결과는 0:6의 참패였습니다. 그 뒷얘기가 중요합니다.
감독도, 언론도, 야구팬들도, 전 국민도 누구 하나
"그따위 경기가 어디 있어", "왜 맥없이 주저앉았어"라며
힐책하거나 비난하는 사람이 없습니다.
모두가 분하긴 하지만 "잘 싸웠다", "최선을 다했다",
"한국 야구의 저력을 세계에 알렸다",
"선수들 몸값이 올라갔다",
"잘못된 대진표가 패인을 제공했다" 등 격려 일색입니다.
바로 이 부분이 중요합니다. 언제나 그랬으면 합니다.
그리고 승리도 잘못 다루면 실패가 되고,
실패도 잘 다루면 승리가 된다는
보편적인 진리를 확인하는 기회가 됐으면 합니다.

개나리꽃 피는 사연

개나리 꽃망울이 툭툭 터지더니 노란 꽃이 한창입니다.
봄을 알리는 전령이 찾아온 것입니다.
이때쯤이면 사람들의 옷차림이 가벼워지고
닫혔던 창문이 열립니다.
개나리는 왜 필까요? 때가 되면 핀다고요?
아닙니다. 골백번 봄 때가 오고 가도 못다 피는
개나리가 많습니다.
죽은 나무는 피지 못합니다.
생명 있는 나무라야 꽃피고 열매가 열립니다.
나사로가 다시 산 것은 때가 되어서가 아닙니다.
생명의 주인이 "나오라!"고 명령하셨기 때문입니다.
4월은 부활의 계절입니다.
죽음을 이기신 그리스도가 우리에게 생명을 주셨습니다.
예수 생명은 내 생명입니다.

문제 풀이

"문제를 과장하고 실패를 조장하지 않도록 주의하라.
갈등을 부추기지 말라.
당신이 교회를 소용돌이로 몰고 간다면
상황은 훨씬 더 나빠질 것이다.
갈등에 얽매여 문제를 교회 전체로 확대시키지 말라."
《목적이 이끄는 리더십》의 저자 레잇 앤더슨이
책 속에서 쓴 말입니다.
문제를 과장하고, 실패를 조장하고,
갈등을 부추기는 사람들은 미국에도 있는 모양입니다.
시험지를 앞에 놓고 시시비비를 벌인다면
그는 퇴장, 아니면 낙제점을 받게 될 것이 뻔합니다.
따지고 곱씹으면 더 꼬이지만, 풀면 풀리는 것이 문제입니다.
언제 어디서나 문제를 만드는 사람이 있고,
푸는 사람이 있습니다.
나는 어떤 사람입니까?

예수 부활

예수 그리스도께서 부활하심으로
죽음이 주는 절망과 고통을 극복하는 소망을
우리에게 주셨습니다.
이 부활의 소망은 세상을 변화시키고
어두운 현실을 극복하며,
역사의 물줄기를 바꾸는 역동적 에너지의 근원이며,
세상을 압도할 수 있는 그리스도인의
창조적 생명력의 출발입니다.
이 땅에 편만한 모든 억압과 횡포
그리고 대립과 갈등에 결연히 맞서 정의와 화해,
평화를 이룰 수 있는 힘은
바로 부활의 신앙에서부터 출발합니다.
부활절은 바로 이 생명력에 감사하는 날이며,
우리 존재와 현실 가운데 살아 역사하시는 예수님을
체험하는 날입니다.

 짜증

〈리더스 다이제스트〉가
"우리를 짜증 나게 하는 것들이 무엇인가?"라는
문항 20개를 만들어 아시아인들에게 물었습니다.
놀라운 것은 20개 항목 외에도
짜증 나는 것들이 많았다는 것입니다.
예를 들면, 난폭 운전, 새치기, 침 뱉는 것,
전화기의 자동 응답 장치, 안 뜯어지는 비닐 포장 등.
나라별로 보면, 한국은 껌을 찍찍 소리내며 씹는 사람,
돈만 먹고 안 나오는 자동판매기,
중요한 순간에 끝나는 연속극,
중국은 발 냄새, 직권 남용,
홍콩은 남 보는 데서 자녀를 야단 치는 것,
말레이시아는 길거리에 쓰레기 버리는 것 등입니다.
짜증으로 뒤범벅된 세상입니다.
문제는 내 영혼이 짜증 전염병에 걸리면 안 된다는 것입니다.
짜증을 몰아내는 최상의 처방은 무조건 감사하는 것입니다.
감사는 긍정적인 사고와 건강한 신앙에서 솟아납니다.

 해결자

"골방에 들어가 문을 닫는다고 해서
내면의 회의, 불안, 두려움, 나쁜 기억,
풀리지 않는 갈등, 분노의 감정, 충동적 욕구가
그 즉시 닫히는 것은 아닙니다.
오히려 외적 방해 세력을 제거하고 나면, 그다음에는
내적 방해 세력이 걷잡을 수 없이 밀려드는 때가 많습니다."
헨리 나우웬의 말입니다.
내면의 문제, 즉 영적인 문제는 문을 닫고 여는 데
해결의 실마리가 있는 것이 아닙니다.
중심에 해결자 예수 그리스도를 모시는 것입니다.
그 이유는 그분은 우리를 지으신 분이며
다스리시는 분이며 구원하신 분이기 때문입니다.
예수 그리스도가 최상의 해답이며 접근법입니다.
그리고 해결자이십니다.

화해 2

"진실한 화해를 위해 우리는 먼저 자신이 받은 상처의
깊이를 파악해야 한다.
하지만 그 상처의 실체를 직시하는 것만으로
모든 문제가 해결되는 것은 아니다.
우리는 부당한 대우를 받았다고 흥분하기에 앞서
그 갈등 속에서 자신이 어떻게 행동했는지부터 살펴야 한다.
흔히 인간관계에서 갈등이 폭발하기 일보 직전에 이르면
우리는 상대방을 비난하기에 바쁘다.
그러나 손뼉도 마주쳐야 소리가 나는 것 아닌가?"
로라 데이비스가 한 말입니다.
문제의 원인 제공이 일방적이 아니기 때문에
화해의 접근법 역시 양방 진행이어야 합니다.
나는 우뚝 선 채 너를 내려다보면
화해의 성립은 불가능합니다.
원인도, 과정도 그리고 해법도 서로에게 있음을 인정할 때
화해의 마당이 열리는 것입니다.

거룩한 효(孝)

선도(仙道)에 열심이던 김종섭과 정익노가
평양에 나타난 예수교를 반대하기로 다짐하고
모펫 선교사를 찾아갔습니다.
그들이 생각하는 예수교는 무군무부(無君無父),
불효를 일삼는 오랑캐 종교였기 때문입니다.
그래서 맨 먼저 동양 윤리의 가장 큰 덕목인 효에 대해
질문을 던졌습니다.
"부모에게 효도하고 공경하는 것이 옳습니까?"
"부모 공경은 하나님의 계명입니다."
"당신도 부모가 있고, 공경합니까?"
"나도 부모가 계시고, 공경합니다."
"그러면 왜 부모를 버리고 조선까지 떠나와 있습니까?"
"그것은 효도하기 위해서입니다. 우리 부모님이 저더러
조선에 가서 예수교를 전하라 하셨습니다."
훗날 김종섭은 목사가 되고 정익노는 장로가 되었습니다.
하나님의 뜻을 따르는 것은 거룩한 효도입니다.

피하지 말라

"마음을 절대 다치지 않으려거든
아무에게도 마음을 주지 않으면 된다.
모든 연줄을 피하라. 이기심이라는 관 속에 마음을
안전히 가둬 두라.
그렇게 하면 깨질 수도 없고, 뚫고 들어갈 수도 없고,
구원받을 수도 없는 마음이 되고 말 것이다.
천국을 제외하고
사랑의 위험에서 가장 안전하게 피할 수 있는
유일한 곳은 지옥이다."
헨리 나우웬이 자신의 책 《춤추시는 하나님》 안에
쓴 글입니다.
상처가 무서워 관계를 피하려는 사람들이 있습니다.
시달리고 다칠까 봐 겁내는 사람들도 있습니다.
그러나 그것은 소극적인 처방입니다.
거창한 숲을 관통하려면 할퀴고 찢기는 아픔을 참고
헤쳐나가야 합니다.
그래야 광활한 대지에 이를 수 있습니다.
피하는 자는 역사의 중심에 설 수 없습니다.

선거 1

일할 사람을 뽑는 다양한 유형들이 있습니다.
구약의 경우 세 가지 방법이 있었습니다.
사람의 손으로 뽑았습니다. 민선 사울 왕이 그 예입니다.
제비 뽑았습니다. 아간과 요나가 그 본보기입니다.
하나님이 뽑았습니다.
사울 왕과 다윗 왕의 공통점은 통일 유다 왕조의
초대와 2대 왕이라는 점과 40년간 통치했다는 점입니다.
차이점은 사울은 민선이었고,
다윗은 하나님이 뽑으셨습니다.
사울 왕조는 당대로 폐문했고,
다윗 왕조는 대를 이어 왕통을 이어 나갔습니다.
신약의 경우도 예수님이 직접 뽑아 제자를 삼았는가 하면,
교회의 중의를 모아 사람을 뽑은 예도 있습니다.
가장 바람직한 것은 하나님의 일꾼은
하나님이 뽑으셔야 한다는 것입니다.

승자와 패자

선거가 끝났습니다.
승자에겐 너그러움이 패자에겐 승복하는 미덕이
있어야 합니다.
승자의 오만이나 패자의 오기는 상품으로 비기면
저질 상품입니다.
그것은 투표권을 행사한 사람들의 경우도
예외일 수 없습니다.
내가 지지한 사람이면 무조건 박수를 보내고,
내가 반대한 사람이면 덮어놓고 반대하는
유권자의 발상도 저질일 수밖에 없습니다.
사람을 선택할 때는 여러 가지를 고려하지만
이제부터는 뽑힌 그가 어떻게 일하느냐,
무엇을 하느냐를 지켜보아야 합니다.
그리고 지원해 줘야 합니다.
네 편, 내 편을 가르고 패싸움을 벌이는
정치권의 작태가 하루빨리 자취를 감춰야 합니다.
그리고 거기에 휘말려 흔들리는 민심이 가라앉아야 합니다.

망국 조건(亡國條件)

풀턴 존 신은 "미국이 망한다면 그것은 소련 때문에 망하는 것이 아니다. 미국이 망하는 원인은 스스로 자초한 원인 때문일 것이다"라고 말했습니다.
역사적으로 강대국들이 외적의 침략으로 망한 예는 극히 드뭅니다. 대부분 멸망의
원인은 정신적 부패였거나 영적 타락이었습니다.
역사 이래 19개 문명 가운데 16개 문명이 내부의 부패로 몰락했습니다. 오히려 외부의 공격은 내부를 다지는 결속력으로 발전했습니다. 미국 제31대 대통령 후버 역시 "미국이 망한다면 그것은 악에 의해 파멸될 것이다"라고 했습니다. 우리의 경우 주적(主敵)은 밖에 있는 것이 아니라, 안에 있습니다. 망국 조건을 밖에서 찾고, 너에게서 찾는 것은 어리석은 짓입니다. 나 한 사람이 바로 서고, 바로 가고, 바로 살면 조국 대한민국은 머잖아
일등 국가가 될 것입니다.
바로 서고, 바로 가고, 바로 사는 방법은 예수 그리스도를 바라보고 생명과 구원의 주로 고백하는 것입니다.

순종

헨리 나우웬의 《모든 것을 새롭게》를 읽다가
발견한 교훈 한 구절.
"우리는 귀머거리가 되어 하나님이 언제 우리를
부르시는지도 모르고
어느 방향으로 부르시는지도 깨닫지 못할 때가 많습니다.
그리하여 우리의 삶은 어리석은 삶이 되고 맙니다."
'어리석다'(absurd)라는 말에는 '귀머거리' 라는 뜻의
라틴어 단어(*surdus*)가 들어 있다고 합니다.
그리고 '순종한다'(obedient)라는 말은 '듣는다' 는 뜻의
라틴어 단어 '*audire*' 에서 왔다고 합니다.
생각을 새롭게 하는 구절입니다.
듣고도 깨닫지 못하는 사람들,
깨달았노라면서도 순종하지 못하는 사람들,
나우웬의 말대로라면 어리석은 사람들,
귀먹은 사람들인 것입니다.
순종은 신앙인의 가장 큰 덕목입니다.

대~한민국

한국과 프랑스 월드컵 축구 경기가 있던 날, 저는 뉴욕에
있었습니다. 경기는 그곳 시간으로 주일 오후 3시였습니다.
예배 후 점심을 함께 나눈 교인들 모두가 친교실에
모였습니다. 경기가 시작되자 대형 화면 가득,
양 팀 선수들의 달리고, 뛰고, 차는 모습이
클로즈업되었습니다. 일희일비(一喜一悲), 함성과 탄성이
터졌습니다. 가관인 것은 유치원생과 초등학교 2학년
또래들이었습니다. 미국에서 태어난 아이들, 코리아가
어느 쪽에 있는지 가본 일도, 배운 적도 없는 아이들입니다.
그런데 아이들은 목청이 터져라 '오 필승 코리아!',
'대~한민국'을 외쳐댔습니다. 박지성 선수가 동점골을 넣자
장내는 환성과 감동의 도가니로 변했습니다.
땅바닥에 주저앉아 울면서 발을 구르는 아이들,
벌떡벌떡 춤추는 아이들, 어른들도 마찬가지였습니다.
저는 거기서 조국, 내 어머니 나라를 보았습니다.
조국이 있다는 것, 목청껏 부를 수 있는
필승 코리아가 있다는 것을요.

붉은 악마

악마는 하나님을 대적하고 인간을 파괴하는
영적 존재입니다.
에덴에서 아담과 하와를 무너뜨렸고
베드로를 넘어뜨렸습니다.
지금도 동서남북 전횡을 일삼아 삼킬 자를 찾고 있습니다.
악마는 영적 존재여서 형체나 색깔이 없습니다.
그러나 요한계시록에 의하면 "붉은 용"이라고 했습니다.
6·25 한국전쟁 당시 공산군은
"높이 들어라, 붉은 깃발을"이라는 노래를 부르게 했습니다.
이런 맥락에서 붉은 깃발, 붉은 용, 붉은 악마는
부정적인 명사입니다.
거기다 '4천 만이 붉은 악마'라는 공영 TV의 멘트는
어불성설입니다.
왜냐하면 우리는 결코 붉은 악마가 아니기 때문입니다.
붉은 용이 북녘을 뒤덮은 것도 억장이 무너지는데
우리 땅까지 붉은 악마에게 내어줄 순 없지 않습니까?

 초점

시선을 사건에 집중하는 경우와
하나님께 집중하는 경우가 있습니다.
사건은 돌발적이고 연속적이어서 끊임없이 일어납니다.
그 사건에 시선을 주다 보면 정신이 어지럽고
영혼이 흔들립니다.
그러나 사건이 터지고 폭발하더라도
하나님께 시선을 쏟으면
평온과 해결의 대로가 뚫리게 됩니다.
햇빛과 렌즈의 초점이 맞으면 불이 일어나는
이치와 같습니다.
찰스 스탠리는 "우리의 기도가 주님이 아닌
다른 것들에 집중된다면 믿음이 흔들리게 될 것이다.
진리로 가득 찬 눈과 마음으로 기도하는 태도를
배워야 한다"라고 말했습니다.
초점이 맞지 않는 안경은 어지럼증을 일으킵니다.
견고한 삶을 원한다면 신앙과 삶의 초점을
하나님께 맞춰야 합니다.

기회

지인(知人)이 선물로 보내준 피터 드러커(Peter F. Drucker)의
《위대한 혁신》이라는 책을 읽고 있습니다.
드러커는 예리한 통찰력을 지닌 미래학자로 명성을 날리다,
2005년 11월 96세의 나이로 세상을 떠났습니다.
그는 책 속에서 "여러 가지 증거에 따르면 1960년 이후
미국인들의 건강 상태는 전례 없이 호전되었다. 그런데도
미국은 집단 우울증에 걸렸다. 일찍이 건강에 대해 이처럼
관심을 둔 적도 그리고 이토록 걱정한 적도 없었다.
갑자기 모든 것이 암을 유발하거나 퇴행성 심장병 또는
조기 기억 상실증을 일으키는 것처럼 난리들이었다.
원인이야 무엇이든 간에 지각상의 변화는 실질적으로
혁신의 기회를 창출한다. 건강에 대한 일반인들의 이런 인식
변화는 새로운 건강 잡지 〈아메리칸 헬스〉(American Health)를
창출했고, 2년 만에 발행 부수 100만 부를 돌파했다"라고
했습니다. 위기는 곧 기회라는 것입니다.
시험은 승리의 조타수이며 실패는 성공의 발판입니다.
그래서 모든 기회는 하나님의 선물인 것입니다.

지나침

미국 일간지 〈USA투데이〉는 미시건 대학
대니얼 크루거 교수의 연구보고를 인용,
남자들의 평균 수명을 여자만큼 늘릴 수 있는 방법을
소개했습니다.
과음, 과식, 과로를 피하고 야채 섭취와 적당한 운동을
지속하면 수명 연장이 가능하다는 것입니다.
흡연, 과음, 과식, 과로는 감염, 부상, 스트레스 등
잠재적 사망 요인에 노출되기 쉽다는 것입니다.
70세 이전에 세상을 떠나는 사람의 경우
비흡연자는 14%인 데 반해,
흡연자는 41%나 되었다고 합니다.
과속(過速), 과로(過勞), 과식(過食), 과음(過飮), 과적(過積),
과신(過信), 그 어느 것도 바람직하지 않습니다.
우리네 삶 역시 통제와 조절이 필요합니다.

창의적 계층

석학 대니얼 핑크(Daniel Pink)는 자신의 저서
《새로운 미래가 온다》에서
"미국 전체 근로자 중 창의적 계층의 수는
1980년 이후 2배로 늘어났으며,
한 세기 전보다 10배가 증가했다.
하이 콘셉트(high concept)에 관한 비슷한 경향은
세계 곳곳에서 일어나고 있다.
영국의 애널리스트 존 호킨스는
영국에서도 창의적인 분야가 매년
2천억 달러에 이르는 상품과 서비스를 생산하고 있다고
추정했다"라고 썼습니다.
교회라고 예외일 수는 없습니다.
구태(舊態)를 벗지 못한 채 고루한 집착에 빠진 교회는
성장할 수 없습니다.
그러나 창의적 발상과 경향을 존중하고 전진하는 공동체는
가치 창출과 번영을 노래할 수 있습니다.
창의적 교회를 위하여 옛사람을 벗어 버립시다.

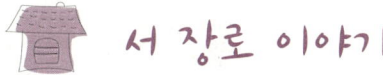
서 장로 이야기

1972년 도미, 34년간 미국 생활,
남가주 오렌지카운티에서만 27년간 병원 개업 환자 진료,
술, 담배에 푹 빠져 살던 삶을 어느 날 정리하고 예수님 영접,
그 후 얼바인에 있는 ○○한인 교회 장로로 임직,
중요한 것은 그다음입니다.
그는 매해 여섯 차례 정도 의료 선교를 떠납니다.
가깝게는 멕시코, 멀리는 남미나 아프리카,
몽골, 중국까지…….
그가 매해 여섯 차례, 짧게는 일주일, 길게는 보름씩
병원 문을 닫고 선교를 떠나는 이유는 간단하고 명료합니다.
하나님의 은혜로 구원받고 하나님이 주셔서
의사 되게 하셨고…….
그 은혜에 비하면 자신의 몸짓은
아무것도 아니라는 것입니다.
그를 만난 것은 값지고 멋진 사건이었습니다.
하나님의 사람들 가운데 제2, 제3의
'서 장로'가 일어나야 합니다.
나머지 삶을 송두리째 드리는 사람들이 많아져야 합니다.

출애굽

430년 애굽 생활을 청산한 이스라엘 민족의
가나안을 향한 대장정을 출애굽 혹은 해방이라 부릅니다.
저들의 430년이 마냥 고통과 질곡을
헤매는 세월은 아니었습니다.
요셉이 국무총리로 재임하는 동안
국빈예우를 받았습니다만
요셉의 사후 상황은 급반전되기 시작했습니다.
정치적 박해와 인권 유린에 시달리던 저들이
대탈출 작전에 성공하여
가나안을 향한 멀고 먼 길을 떠나게 되었습니다.
그러나 저들의 고난은 목적을 '하나님' 께 두지 않고
가나안 '땅' 에 둔 데서 시작되었습니다.
지상 조건에 가치를 두고 목적을 둔다면
우리도 예외가 아닙니다.
이스라엘의 출애굽이나 우리네 해방도
하나님께로 나가는 대장정이어야 합니다.
인생길도 신앙의 길도 그래야 바로 되고 행복합니다.

좋은 말

"말은 자녀의 인생에 엄청난 영향을 미친다.
부모의 말이 가족 전체의 방향을 설정하고,
기업주의 말이 직원들의 방향 설정에 도움을 준다.
우리 각자는 누군가에게 영향을 주면서 살아간다.
굳이 리더가 아니더라도 나름의 세력 범위를 가지고 있다.
우리는 영향을 미치는 상대에게 '좋은 말'을 던져야 한다.
제아무리 의도가 좋더라도 부정적인 말은
우리가 상상하는 것보다 훨씬 빨리 상대방을 망가뜨린다.
상대방에게 부정적인 말을 쏟아 부으면서
그가 복 받기를 기대하는 것은 참으로 어리석은 짓이다."
조엘 오스틴이 《복을 말하라》는 글에서 한 말입니다.
말은 구강을 통해 입 밖으로 나오는 소리에 불과합니다.
그러나 그 소리가 뜻을 담고 사상을 싣게 되면
폭발력을 지니게 됩니다. 살릴 수도 죽일 수도 있습니다.
살리는 말, 세우는 말, 치유하는 말을 힘씁시다.
가는 말이 축복이라야 오는 말도 축복이 됩니다.

교장선생님 이야기

사범학교 졸업 후 초등학교 교사로 시작한 교직 생활 40년,
학교, 가정, 교회만을 오가며 교장선생님으로 일하다
은퇴한 장로님 한 분을 만났습니다. 3남매는 모두 출가했고,
내외분이 자그마한 아파트에 살고 있다고 했습니다.
걱정은 은퇴 후였습니다. 기계처럼 출퇴근으로 살아온
삶의 리듬이 은퇴 다음날부터 깨어지게 될 것이기
때문이었습니다. 생각 끝에 내린 결론은 그동안 못다 한
'섬기는 삶'을 살아야겠다는 것이었습니다.
은퇴 후 20일간은 자녀들의 도움으로 성지를 다녀왔습니다.
그 후로부터는 주간 시간표대로 섬기는 삶을 시작했습니다.
월요일: 종합병원 대기실에서 환자 안내하는 날,
화요일: 역전에 나가 전도하는 날, 수요일: 교회에 나가
청소하는 날, 목요일: 고아원과 양로원을 찾아가 봉사하는
날, 금요일: 부부가 함께 데이트하는 날, 토요일: 교회에 나가
주보 접고, 청소하고, 주일 준비 돕는 날.
날마다 바쁘고 보람 있고 신바람난다고 했습니다.
교장 일보다 재미있다고도 했습니다.
화려한 인생, 멋진 삶을 만났습니다. 교장선생님 화이팅!

 함께

인간은 함께하는 존재입니다.
아담이 홀로 있음을 좋지 않게 여기신 하나님은
함께할 하와를 창조하시고 동거하며
'한 몸'이 되라고 말씀하셨습니다.
그 질서를 따라 그들은 함께 살고 일하고 나들이했습니다.
그러던 어느 날 뱀의 공격으로 한 몸이 둘로 갈라졌습니다.
여기서 말하는 둘이란 공간적 의미가 아닙니다.
의심하고 핑계 대는 금이 간 사이를 뜻합니다.
십자가 사건은 '하나님과 함께, 너와 함께'를 위한
회복이며, 희생입니다.
십자가로 시작된 교회 공동체 역시
'함께 공동체'라야 합니다.

 균형

한국경제신문사가 펴낸
존 갤브레이스(John Kenneth Galbraith)의 명저
《풍요한 사회》 21장에 사회 균형 회복에 관한 글이 실려
있습니다. 저자는 미국 역대 대통령의 경제교사로
정평 난 경제학자였고, 《풍요한 사회》는 100대 명저로
꼽힌 책이기도 합니다.
"우리의 다음 과제는 매년 부(富)가 우리에게 가져다 주는
막대한 재화와 서비스의 흐름 속에서 균형을 유지하는
방법을 찾는 일이다. 불균형이 낳은 사회적 무질서를
완화하거나 가능하다면 완전히 제거하기 위해
반드시 필요하다." 경제와 사회의 균형 못지않게 인격과
신앙의 균형도 반드시 이룩되어야 합니다.
기울어진 인격으로 파행이 야기되고 신앙의 불균형 때문에
교회 공동체가 붕괴되고 있습니다.
제 개인의 목회 철학은 바로 균형 목회입니다.
신앙, 신학, 목회, 삶이 균형을 이룬다면
정도 정진(正道正進)이 가능케 됩니다.

플러스 발상

"플러스 발상이란 '매사를 긍정적으로 사고하고 수용하면
스트레스가 쌓이지 않는다',
'무엇이든 적극적으로 받아들이면 결과도 좋다' 는
의미로 이해되고 있다.
플러스 발상을 하는 습관을 가진 사람은 면역성이 강해
좀처럼 병에 걸리지 않는다.
그러나 늘 마이너스 발상만 하는 사람은
한심스러울 정도로 쉽게 병에 걸리고 만다.
똑같은 상황, 똑같은 라이프 스타일임에도 불구하고
생기 있고, 건강한 사람이 있는가 하면,
늘 기운이 없고, 병약한 사람이 있다.
이 같은 차이는 대부분 '마음가짐'에서 시작된다."
하루야마 시게오 박사가 《뇌내 혁명》에서 밝힌 글입니다.
긍정하는 사람, 플러스 발상의 사람들이 비전을 이루고,
역사의 주역이 될 수 있습니다.
좁게는 자신의 삶이 풍요로워지고,
넓게는 세계 무대에 설 수 있습니다.
그리고 그런 사람들이 리더가 되어야 합니다.

거울

"면이 고르지 않고 완벽하지도 않았지만
우리 조상들은 거울을 경이로운 도구로 간주했다.
거울을 사용해 자신의 모습을 볼 수 있게 되고,
자기 자신을 보다 잘 알 수 있게 되었으며,
거울을 통해서 보이는 세계를 넘어 보이지 않는 곳에
이를 수 있다고 생각했다.
하지만 이 신비한 물건은 불안을 자아내는 물건이기도 했다."
사빈 멜쉬오르 보네가 쓴 《거울의 역사》에
나오는 글 중 한 대목입니다.
석경(石鏡)에서 동경(銅鏡)으로
그리고 오늘의 거울로 발전한 거울은
정확도, 선명도, 입체감 등으로 등급을 정합니다.
좋은 거울은 거짓말을 못합니다.
거울 앞에 선 내 모습 그대로를 현상해 줍니다.
성경은 가장 정확한 거울입니다.
그 거울 앞에 설 때 자아를 확인하고 진단할 수 있습니다.
포장도 축소도 불가능합니다. '그대로'가 좋은 거울입니다.

구화(口話)와 수화(手話)

구강 구조를 통해 자신의 의사를 표현하는 것은
구화(口話)입니다.
그러나 입 대신 손으로 말하는 사람들이 있습니다.
편의상 농아(聾啞)라고 부릅니다.
말의 의미는 전달될 때 성립됩니다.
미사여구로 각색된 웅변도
민중과 대상을 설득하지 못하면 독백에 불과합니다.
그러나 상대를 감동시키고 설득할 수 있다면 수화도 위대한
웅변이 될 수 있습니다.
우리 시대는 말의 향연으로 식상해 있습니다.
말쟁이들의 말장난으로 역겨워하고 있습니다.
그래서 조용한 웅변, 설득력 있는 언어가 그립습니다.
최근 농아인 가족 몇 사람이 수화 교본을 만들었습니다.
인사말에서 정치, 경제에 이르기까지
손으로 말하는 법을 다뤘습니다.
잡음과 소음으로 시끄러운 세상에 수화가 퍼졌으면 합니다.
전국 농아인들에게 격려와 희망을 보냅니다.

핵 실험

지난 10월 9일 10시 35분,
드디어 북한은 함경북도 김책시 상평리에서
국제 사회의 우려를 비웃기라도 하듯 핵 실험을 강행했습니다.
추석 명절 들뜬 기분이 채 가라앉지도 않은 터에
저지른 저들의 행동은
전 세계를 놀라게 했고 우리네 가슴을 멍들게 했습니다.
계산된 행동이었겠지만 그러나 그것은 제 무덤 파기입니다.
'불장난'(노무현 대통령), '제멋대로'(중국 외교부),
'세계 평화·안전 위협'(부시 대통령)이라고 논평했지만
제가 보기엔 자충수, 자살골, 자멸책이랄 수밖에 없습니다.
핵은 가공할 파괴력과 살상력을 가지고 있습니다.
만일 북한이 핵무기를 오용한다면
한반도와 주변국이 겪게 될 비극은
가공할 결과로 드러날 것입니다.
중요한 교훈이 떠오릅니다.
"칼 쓰는 자 칼로 망한다"입니다.
핵을 쓰는 자 핵으로 망할 것입니다.
더 중요한 것은 죄악의 폭탄은 핵보다 더 무섭다는 것입니다.

감사 조건 1

먹고 입고 사는 것, 그것 때문에
날과 힘을 소진하고 있습니다.
먹지 않고 사는 길은 없습니다. 곤충도 먹이가 필요하고,
들풀도 이슬을 머금어야 합니다.
그러나 먹기 위해 사는 인생이라면,
그리고 거기에 삶 전체를 투사해 버린다면
얼마나 허무합니까?
어차피 그것들은 필요한 칼로리를 제외하면
배설물에 지나지 않습니다.
썩을 양식의 출처가 흙이라면 영생의 양식은
하나님이 주시는 선물입니다.
의식주는 필요합니다. 풍성할수록 좋습니다.
그러나 거기에 절대 가치를 둘 필요는 없습니다.
그것들은 썩거나 사라지거나 불타 버리기 때문입니다.

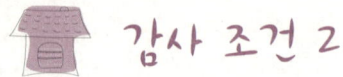
감사 조건 2

영국 감리교 지도자였던 휫필드가
젊은 시절 깊은 절망에 빠진 때가 있었습니다.
이유는 자신은 쓸모 없고, 무가치한 존재라고
생각했기 때문입니다.
그럴 때마다 헌팅턴 여사가 그를 위로하고
격려해 주곤 했습니다.
그러나 휫필드는 "저는 모든 걸 다 잃었습니다.
남은 건 절망뿐입니다"라며 위로와 격려를 거부했습니다.
그때 헌팅턴은 "모든 걸 잃어 버린 사실을 감사하십시오.
그리스도는 잃어 버린 자를 찾아 구원하러 오셨기
때문입니다"라는 말로 희망을 주었다고 합니다.
감사의 조건은 땅에 묻힌 보화와 같습니다.
얼마든지 캐낼 수 있습니다.
그런데 눈에 보이지 않는다는
사실만으로 포기하고 절망합니다.
잃어 버렸다는 사실, 쓸모 없다는 생각,
그 자체를 감사로 바꾸는 발상의 전환이 가능하다면
감사의 폭은 한결 더 넓어질 것입니다.

불만과 만 불

"요즘은 아이 키우기가 무서운 세상이다.
청소년들의 충동성과 공격성,
분노 같은 통제 불가능한 요인들이 계속 증가하고 있다.
많은 아이들이 자신의 격한 감정에 효과적으로 대처하는 법,
괴로운 상황에서 자제력을 발휘하는 방법을 배우지 못했다.
폭력적인 영상과 언어의 집중적 공격은
아이들에게 상처를 주며
공격만이 문제 해결의 유일한 방법이라는 메시지를
아이들에게 퍼붓는다.
아이들이 공격성을 드러내는 이유는 욕구 불만을 표현하는
다른 방법을 모르기 때문이다."
미셸 보바가 자신의 책 《도덕 지능》 안에서 밝힌 글입니다.
우리 시대는 욕구불만으로 들끓고 있습니다.
불만이라는 낱말을 글자 위치만 바꾸면 만 불이 된다는
유머가 떠오릅니다.
어려서부터 형성된 욕구 불만성 인격을
감사와 만족으로 전환하는 길은
감사 신앙으로만 가능합니다.

예수 닮기

"진실한 경건은 다른 사람들에게
자석과 같은 효과를 발휘합니다.
경건한 인격을 가진 사람은 추종자들을 끌어들입니다.
사람들은 순결한 지도자를 만나면 신속히 함께
승선하여 항해할 준비를 합니다.
그리고 자신이 어디로 가고 있는지를 알고 있는
사람들 역시 추종자들을 끌어들입니다."
오브리 맬퍼스가 자신의
《역동적 교회 리더십》에서 한 말입니다.
우리 시대는 지도력 빈곤과 부재로 몸살을 앓고 있습니다.
지도자는 많습니다. 그러나 지도력을 갖춘
지도자는 흔치 않습니다.
앞서 가는 사람은 많습니다.
그러나 바로 가는 사람은 많지 않습니다.
나를 따르라고 손짓하는 사람은 많습니다.
그러나 정작 따르는 사람은 별로 없습니다.
이럴 때일수록 영원한 리더 예수님을 닮고 따르는
사람들이 많아져야 합니다.

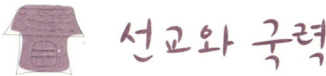# 선교와 국력

1950년대 미국은 명실공히 전 세계의 존경과
사랑을 받는 최강국이었습니다.
어느 나라도 미국을 얕잡아보거나 넘겨다보지 못했습니다.
주말이면 상가는 일제히 문을 닫았고 주일이면 정장 차림의
가족들이 교회에 모여 예배드리는 기독교 국가였습니다.
오대양 육대주로 선교사들이 줄지어 나갔고
세계 기독교사를 써 나갔습니다.
국력과 선교가 어우러진 사례였습니다.
그러나 이 핑계 저 핑계로 선교사들이 철수하고,
교회는 문을 닫고,
교단마다 교인 감소로 몸살을 앓고 있는 요즈음의
미국 교회를 보노라면
우리 모습이 아닐까 싶어 소스라쳐 놀라게 됩니다.
우리나라의 경우 선교사 500명 파송 시
GDP는 500불이었습니다.
1만 명 시대는 1만 불이었습니다.
국력이 선교를 가능케 하고 선교는 국력을 강화합니다.

비전 가슴

"몸이 허약하거나 장애를 가진 사람도 세계를 품는
지도자가 될 수 있는가? 물론이다. 미국을 경제 대공황에서
구출하고 제2차 세계대전을 승리로 이끈 20세기의 영웅
루스벨트를 보라. 그는 39세 때 소아마비로 중증 장애인이
되어 남은 생애 24년을 휠체어에 의지하고 살았다.
홀로 설 수 없는 그였지만 미국 역사상 유례 없는
4선 대통령이 되었다. 그는 욕실도, 침실도 혼자 힘으로
다니기 어려운 중증 장애인이었다.
그러나 세계를 품었던 그의 따뜻한 가슴이
그를 그 되게 만들었다."
백악관 국가장애위원회 정책차관보 강영우 박사가
한 말입니다. 사람의 가슴은 직경 30cm 안팎입니다.
그러나 세계를 품고 우주를 품는 용적 능력이 있는가 하면
키우면 한없이 커지고 좁히면 좁쌀이 되는
특성을 가지고 있습니다.
우리네 좁쌀 가슴을 세계를 품는 비전 가슴으로 바꿉시다.

구유 그리고 십자가

오실 때는 구유, 가실 때는 십자가, 왕의 생애 치곤 험난하고
비극적입니다. 단 한 번의 생일잔치도 없었습니다.
비단 시트로 치장한 침대, 화려한 양탄자,
아기 왕과는 거리가 멀었습니다.
예고된 탄생이었는데도 맞은 사람들은
목자들이 고작이었습니다.
그뿐입니까? 짧은 삶 내내 수난의 연속이었습니다.
주거는 머리 둘 곳도 없었고 하루하루 섬기는 이들의 접대로
사셨습니다. 그러다가 가실 때는 십자가였습니다.
만일 여기까지가 예수 삶의 전부라면 비참해집니다.
그러나 부활 승리가 있었고 생명의 약동이 있었습니다.
예수 왕만 하실 수 있는 일을 해낸 것입니다.
더욱더 중요한 것은 다시 오실 때의 모습입니다.
그때는 구유도, 십자가도 없습니다. 추상같은 권위에
심판의 검을 들고 오십니다.
온 세상이 벌벌 떨며 무릎을 꿇게 될 것입니다.
아멘. 주 예수여, 어서 오시옵소서. 마라나타!

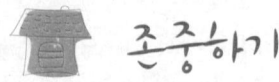 존중하기

"존중심이란 황금률(Golden Rule)을 강화시키는 덕목이다.
자신이 대접받고 싶은 방법으로 남을 대할 때
세상은 좀 더 도덕적인 곳이 될 수 있다. 존중하는 마음이
일상화된 아이들은 다른 사람의 권리에 대해
배려하는 마음을 가지게 된다.
이런 아이들은 자기 자신도 중요하게 여긴다.
이런 아이들은 학급 분위기를 좋게 만든다.
그리고 좀더 긍정적이며 다른 사람을 배려하는
마음을 가진다."
《도덕 지능》이라는 책 속에 미셸 보바가 쓴 글입니다.
다른 사람을 존중하는 행위는
교육과 훈련의 결과에 의해 결정됩니다.
그리고 그 사람의 심성에 의해 작용합니다.
세상만사에 황금률을 적용할 순 없지만
남을 존중하는 마음가짐과 태도는
반드시 점검되어야 합니다.
남을 배려하고 보살피는 마음 안에
존중은 둥지를 틀기 마련입니다.

# 사랑 나눔

물체는 나눌수록 작아집니다.
그러나 작다고 헐값이거나 천덕꾸러기인 것은 아닙니다.
휴대폰이나 디지털 카메라는 "부피는 작게, 성능은 높게"가
추세입니다. 반도체의 경우도 같습니다.
세계 최초로 삼성이 개발한 50나노 D램의 경우 부피가 작고,
용량은 크다는 특성 때문에
2008년 이후 4년간 550억 달러(약 50조 원)의
수익을 올릴 수 있다고 합니다.
사랑은 나눌수록 커집니다.
갈보리에서 시작된 그리스도의 사랑 나눔은
폭발적으로 세계를 석권했습니다.
로마 정권도, 유대 종교도 막을 수 없었던 것은
찢기고 상처받은 사랑이 핵분열을 거듭해
세계를 덮었기 때문입니다.
작은 사랑, 미미한 정성을 모으면 위대한 핵폭탄이 됩니다.
가냘픈 풀피리 소리 수천만 개를 모으면
뇌성이 되고 진동이 일어납니다.
악은 버릴수록 작아지고 사랑은 나눌수록 커집니다.

제3부
아름다운 그대 손

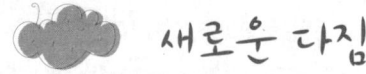 ## 새로운 다짐

나이 한 살을 더했다는 것, 새해 달력 첫 장을 넘겼다는 것,
그리고 2~3일 연휴로 들떠 있었다는 것 외에
별로 변한 것이 없습니다.
그러나 새해의 의미는 눈에 보이고 손에 잡히는 데서
찾는 것이 아닙니다.
새로운 다짐, 결심, 결단, 결의와 함께
옛 것을 버리고 새 것을 찾고 따르려는 것이
새해를 맞는 자세여야 합니다.
나쁜 것은 버려야 합니다.
미련이 남고 아쉬움이 들더라도 신앙과 삶을 황폐케 하는
것이라면 가는 세월과 함께 멀리 멀리 보내야 합니다.
그리고 힘겹더라도 좋은 것은 붙잡아야 합니다.
새해 때문에 기뻐할 수 있다는 것, 새날 때문에 감격할 수
있다는 것은 인간만이 누리는 특권입니다.
다른 피조물의 세계엔 새날도 새해도 없습니다.
새로운 다짐으로 새해 새날을 맞이합시다.

 # 아름다운 그대 손

작자 미상, 그러나 누군가가 남긴 아름다운 글.
"아름다운 입술이 갖고 싶다면 친절한 말을 하세요.
사랑스런 두 눈을 갖고 싶다면 사람들의 선한 마음을 보고,
날씬한 몸매를 갖고 싶다면 당신 앞에
놓인 음식을 배고픈 사람과 나누세요.
아름다운 자세를 갖고 싶으면 결코 혼자 걷는 것이 아니라는
사실을 기억하고 걸으세요. 만일 누군가 도움의 손길을
필요로 한다면 당신 팔 끝에 있는 손을 사용하세요.
나이가 들면 손이 두 개인 이유를 알게 됩니다.
하나는 자신을 돕는 손이고,
다른 하나는 다른 사람을 돕는 손입니다."
남을 돕는 손이 아름답고 영원을 바라보는
눈이 아름답습니다.
'lookism'의 노예로 살기보다는
섬기는 삶으로 멋부리는 그들이 아름답습니다.
네일샵에서 한껏 다듬은 손이라도 자기만을 위한 손이라면
볼품없는 손, 그러나 거칠고 투박한 손이라도
섬기는 손이라면 아름다운 그대 손입니다.

인내

권투 선수 조지 포먼, 그는 가난과 역경을 극복하고
24세의 젊은 나이에 세계 헤비급 챔피언이 되었고,
은퇴 10년 후 다시 링으로 돌아와
45세 늦은 나이에 다시 챔피언의 자리에 올라 세계를
놀라게 했습니다. 더욱 놀라운 것은
그가 모든 영화를 훌훌 털고 목사가 되었다는 것입니다.
그가 쓴 책, 《인생의 링에서 쓰러졌을 때 당당하게
일어서라》는 글 모음은 진한 감동을 주고 남습니다.
"인생에서 뭔가를 이루고 싶다면 인생의 중요한 결정을
남이 대신해 주기를 기대하지 말라.
당신 자신이 과감히 나서서 행동을 시작하라.
그리고 목표를 이룰 때까지 인내심을 갖고 추구한다면
어떤 목표도 성취할 수 있다.
결심과 인내로 몰아붙이는 것이 성공의 비결이다."
그렇습니다. 인생도, 신앙도 인내가 필요합니다.
서두름이나 조급증은 일을 망치고, 인내는 성공의 꽃다발을
안겨 줍니다. 단, 그 인내는 신앙을 기초로 했을 때
목적을 이루는 인내가 되는 것입니다.

목표 세우기

"목표를 기록하고 실행에 옮기기 시작하면
우리 자신에게 강력한 메시지가 전달된다.
우리의 꿈과 소망이 목표가 되는 것이다.
꿈을 기록해서 계획을 세운 사람의 꿈은
더 이상 비현실적인 것이 아니다.
목표는 강력한 힘을 지닌다. 목표는 실현하기 위해
존재하는 것이 아닌가?
그렇기 때문에 얼마 지나지 않아 실제로 이루어진다.
우리의 의식과 잠재의식도 목표를 향해 움직이며
모든 방법을 동원해 도움을 준다."
마크 알렌이 쓴 《타입Z 성공 전략》 중간에 실린 글입니다.
목표 없는 공부, 여행, 사업, 결혼, 그 결말은 뻔합니다.
목표를 세우면 목표 실현에 필요한 에너지가 발동을 겁니다.
삶의 목표와 신앙의 목표가 분명하면 결코 흔들림 없는
길을 걸을 수 있습니다.

부동산

유대인의 삶은 오랜 세월 열강의 침탈 속을
헤쳐 나온 탓으로 이동성이 탁월합니다.
저들은 휴대하기 힘든 재산 가치보다는
휴대가 가능한 재산에 비중을 둡니다.
마빈 토케이어의 글에 의하면
"유대인은 박해와 전쟁으로 시달린 역사가 길었던 탓으로
유사 시 재산을 가지고 있어도 소용이 없다는 것을
체험으로 알고 있다.
유대인은 박해나 전쟁으로 도망칠 일이 있을 때 재산이
많으면 도망할 수 없다고 생각했다.
저들은 정치나 정세가 불안한 나라에서는 결코 부동산을
사지 않는다"는 것입니다.
우리나라의 경우 부동산 값이 치솟고,
세금 시비도 만만치 않습니다.
희년은 땅도 쉬는 해입니다.
잠시 손발을 멈추고 영원한 부동산,
재산 가치로는 평가가 어려운 영원 세계로 눈을 돌립시다.
그리고 그곳에 투자합시다.

두려움

"두려움은 집착하면 할수록 더 심해진다.
이것은 매우 흥미로운 현상이다. 나는 두려움을 매우
지루하며 무뚝뚝한 손님이라고 생각한다. 왜냐하면 내가
그를 즐겁게 해줘야만 내 주위에 머무르기 때문이다.
두려움을 다루는 가장 최상의 방법은 가만히 두는 것이다.
만일 당신이 두려움을 비웃는다면 두려움은 그냥 사라진다.
내가 두려움을 제거할 수 있었던 유일한 방법은
웃어 버리는 것이었다." 잭 캔필드가 쓴
《부탁 좀 합시다》라는 책 속에 실린 글입니다.
두려움을 무시하고 웃어 넘길 정도가 되려면
도통의 경지라야 합니다.
주님은 풍랑으로 겁먹고 두려워하는 제자들에게
"내니 두려워 말라"고 하셨습니다.
"겁내지 말라 두려워 말라"는 명령사 앞에
언제나 "내가 있다. 나를 믿으라"는 전제가 있습니다.
"세상에서는 너희가 환난을 당하나 담대하라
내가 세상을 이기었노라"(요 16:33).
이 말씀 안에 두려움 정복의 신무기가 들어 있습니다.

 평화

민중서관이 펴낸 〈국어대사전〉은, '화목하고 평온함',
'전쟁이나 무력 충돌 없이 국내적, 국제적으로 사회가
평온한 상태'를 "평화"라고 했습니다.
그러나 전쟁이나 충돌 없이 평화를 이룬
경우는 거의 없습니다.
전쟁에 이기든지, 아니면 양편의 세력이 소진되었을 경우
평화가 거론되곤 했습니다.
세계 평화를 위해 만든 유엔도 전쟁을 편들었거나
손도 대지 못한 경우도 있었습니다.
라틴어 '팍스'(*Pax*)는 평화(Peace)의 어근입니다.
팍스란 힘의 지배나 승리만이 누리는 평화를 뜻합니다.
힘 없으면 평화가 성립될 수 없다는 낱말입니다.
그러나 샬롬은 힘의 지배나 승리로 오는 평화가 아닙니다.
하나님이 내려주시는 영원한 평화입니다.
그리고 그 평화는 예수 그리스도의 십자가를 통해
구현되는 평화입니다.
이 평화는 지면 이기고, 죽으면 살고,
포기하면 얻는 신비한 평화입니다.

일

영국 재상 처칠은 한평생 정치만을 위해 살았고,
피카소는 그림을 위해 살았습니다.
에디슨은 하루 18시간을 일했습니다.
그것은 일을 즐겼기 때문입니다.
지겨워하는 일은 1시간이 천년 같고,
즐겨 하는 일은 18시간도 찰나가 되기 마련입니다.
인간은 일하는 존재입니다. 중요한 것은 어떻게,
어떤 일을 하느냐입니다.
① 보람된 일이어야 합니다. 의미도 가치도 없는 일에
인생을 투자하는 것은
어리석은 일입니다. 하면서도 보람 있고,
하고 나면 더 보람된 그런 일을 해야 합니다.
② 최선을 다해야 합니다. 하고픈 일, 하고 있는 일이
성공의 결실을 얻으려면 최선을 다해야 합니다.
③ 즐겨야 합니다. 보람된 일이라도
짜증스러우면 성취가 더딥니다.
그러나 즐기면 성공 박자가 빨라집니다.

청지기

"가진 것이 많으면 많을수록
소유권 증서도 많아질 것이며,
통제권이 많아질수록 권한도 커질 것이다.
그러나 청지기란 가진 것으로 인해
기쁨을 누리는 사람이 아니라,
자신에게 맡겨졌다는 사실 때문에 기쁨을 느끼는 사람이다.
많은 소유권 증서를 보면서 기뻐하는 것이 아니라,
사용할 수 있는 권한이 있음을 기뻐하는 사람이다.
청지기란 지배할 수 있어서가 아니라,
주인의 것을 주인의 뜻에 맞게 관리하게 됨을
기뻐하는 사람이다."
데니와 리사 벨레시가 쓴
《기적의 100달러》에 적힌 글입니다.
우리는 그 어느 것에도 주인이 아닙니다.
다만 하나님의 것을 맡은 청지기일 뿐입니다.
내가 모든 것의 주인이라는 것은 불행한 착각입니다.

 ## 가시관

제 서재에는 감람나무 조각으로 된 가시관 쓰신
예수님 상이 있습니다.
베들레헴 여행 중 받은 선물입니다.
상품으로 만든 조각상이어서
작가의 얼이 배어 있는 작품은 아닙니다.
그러나 저는 일부러 책상 맞은편에 조각상을 세우고
눈을 돌릴 때마다 마주 보이게 했습니다.
가시관을 쓰신 채 침묵하시는 주님의 모습 앞에
손끝에 가시만 꽂혀도 엄살떠는 제 꼴이 영 부끄럽고
송구스럽기 한이 없습니다.
은혜를 축복의 도구로 전락시키고 기도를 성취의 기회로만
삼으려는 잘못된 신앙, 십자가를 노래하면서
절묘한 재주로 십자가를 회피하는 이중성,
털끝만한 손해에도 질겁하는 이기심,
주님 제일이라면서도 자신의 자존심을 내세우는 오만함,
이 모두를 가시관 쓰신 주님 앞에 회개합니다.

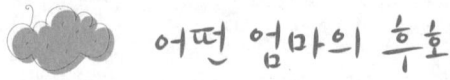
어떤 엄마의 후회

중학교 3학년인 아들을 둔 엄마가 있었습니다.
3대째 신앙 가문이어서 교회 직분도 맡고 있었습니다.
아들이 중등부 회장을 맡으면서부터 문제가 터졌습니다.
교회 생활에 빼앗기는 시간이 많아지자
엄마의 잔소리가 시작된 것입니다.
"주일만 나가라", "회장직 그만둬라", "대학은 어떻게 들어가려느냐", "교회가 대학 보내주냐" 등등, 엄마의 등쌀에 아이는 회장직도, 교회 나가는 것도 그만두고 고3이 되기까지 4년 동안 용하다는 학원과 학교만을 오갔습니다. 불행한 것은 대학 입시에 떨어져 3수를 하게 되었다는 것입니다.
그 아들이 교회 떠난 지 7년, 그제야 엄마는 폐인이 다 되어가는 아들을 보며 회개했습니다.
그리고 "교회 나가자"고 말했습니다.
그러나 이번에는 아들이 소리를 질렀습니다.
"내 인생 내가 알아서 할 테니 엄마는 엄마 일이나 잘해."
엄마는 오늘도 울면서 기도합니다.
그리고 자신의 잘못된 판단을 후회하고 있습니다.
아들이 다시 돌아올 날을 기도하면서……

 자포자기

"우리가 자녀를 낳은 사랑은 하나님이 그 자녀를 낳게 하신
사랑의 반영이다. 그것은 우리가 맡은 중대한 책임이다.
자기 부모의 사랑을 의심하는 아이는
하나님의 사랑도 의심한다.
부모가 자신을 원하지 않는다고 생각한 아이는 하나님도
자신을 원하지 않는다고 생각한다. 이러한 감정이 그 아이의
생명력 즉 심리학자들이 리비도(libido)라고 일컫는
생명에 필요한 활동력에 어떠한 영향력을 일으키는지 쉽게
상상할 수 있을 것이다. 이것이 자포자기적 신경증이라고
설명되어 온 신경증 저변에 깔린 원인이다."
폴 투르니에가 쓴 《치유》에 있는 존재의 의미와 가치를
발견하는 것, 그리고 나를 지으신 하나님의 사랑을
깨닫는 것은 생명력 넘치는 삶의 원동력이 됩니다.
당신은 결코 무가치한 존재가 아닙니다.
사랑의 외곽을 맴도는 떠돌이도 아닙니다.
당신은 하나님의 관심과 사랑의 핵심에 서 있습니다.
자포자기는 자신의 생명을 괴멸하는 가공할 적입니다.

 건강 비결

존 웨슬리가 남긴 일기 안에
그의 건강 비결이 적혀 있습니다.
① 나에게 일을 맡기시고 그 일에 합당하도록
이끄시고 보호하시는 하나님의 능력 때문에,
② 하나님의 능력을 믿고 나를 위해 기도하는
성도들의 중보 기도 때문에,
③ 꾸준한 운동과 신선한 공기를 호흡하기 때문에,
④ 언제 어디서든지 밤잠을 잘자기 때문에,
⑤ 60여 년 동안 매일 아침 4시에 일어났기 때문에,
⑥ 50여 년 동안 매일 5시에 설교했기 때문에,
⑦ 고민을 버리고 평안한 마음을 지니고
살았기 때문에" 라고 했습니다.
내 영혼의 건강을 유지하는 비결도 같습니다.
건강한 믿음과 사고, 평안한 마음과 긍정적 삶,
그리고 아침 일찍 일어나
하루의 삶을 기도로 시작하는 것이 최상의 비결입니다.

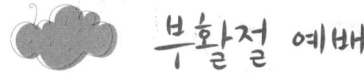 ## 부활절 예배

초대 교회는 부활절 전날 밤(Easter vigil)에
예배를 드렸습니다. 늦은 밤에 모여 새벽까지 드린 예배를
부활절 예배(Pascha vigil)라 부릅니다.
예배 때마다 촛불을 밝혔고 말씀을 낭독했습니다.
그리고 세례와 성찬 예전을 거행했습니다.
이 예배는 방법을 달리하긴 했지만 기독교 2천 년 동안
계속되어 왔습니다.
한국 교회의 경우 1947년 4월 6일 아침 6시
서울 남산공원에서 조선기독교연합회와 미군이 함께 드린
부활절 연합 예배가 시작이었습니다.
당시 설교자는 한경직 목사님이었습니다.
우여곡절 끝에 2006년 한기총과 KNCC가
잠실종합운동장에서 연합으로 부활절 예배를 드린 것은
한국 교회사에 남을 쾌거였습니다.
2007년 4월 8일 새벽 5시 서울 시청 앞 광장에서
하나 된 한국 교회가 부활절 연합 예배를 드렸습니다.
부활의 함성이 시청 앞 광장을 울렸고
하늘과 땅에 메아리쳤습니다.

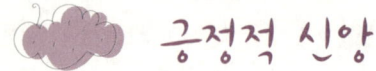

긍정적 신앙

"적극적이고 긍정적으로 사고한다는 것은 부정적인 측면을
인정하지 않는 것이 아니라, 부정적인 측면에
사로잡히지 않는다는 의미이다.
적극적 사고방식은 악화되는 상황 속에서도
습관적으로 최상의 결과를 모색하는 사고방식이다.
적극적으로 생각하는 습관을 들이면 발전적인 방향을 모색
할 수 있고 모든 여건이 불리하게 보이는 상황에서도
자신에게 유리한 일이
일어나리라고 기대할 수 있게 된다."
긍정적 사고의 창시자인 노먼 빈센트 필이 쓴
《적극적 사고의 힘》에 실린 글입니다.
그는 60년간의 사역을 통해 절망하는 사람들에게
성공적 삶의 길을 제시했습니다.
절망하는 사람에겐 절망이 오고 희망하는 사람에겐
희망이 찾아옵니다.
희망하는 사람은 절망을 거부하기 때문입니다.
예수 그리스도는 우리의 영원한 희망이십니다.
우리에게 요구되는 것은 긍정적인 신앙입니다.

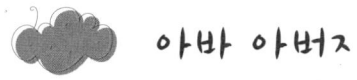 ## 아바 아버지

제가 세 살 되던 해 아버님이 세상을 떠나셨습니다.
철부지였던 탓으로 슬퍼하지도 울지도 않았습니다.
뭣하러 사람들이 밤낮없이 드는가 신기할 뿐이었습니다.
그러나 철이 들면서 아버지가 그리웠습니다.
아빠 손잡고 가는 친구네가 부럽고,
바위산처럼 버틴 채 아들 편드는 아빠가 그리웠습니다.
그래서 때론 뒷동산에 올라가 두 손으로 나팔을 만들어
'아빠-' 라고 목청 터지게 불러 보았지만 들리는 건
메아리뿐이었습니다.
홀로 된 어머님은 '아비 없는 자식' 소리 들으면 안 된다며
어린 저를 조이셨습니다.
그러던 어느 날 제가 아버지를 만났습니다.
목청 터져라 불렀습니다.
그날은 제가 구원받은 날이었고 하나님 아버지가 저를
부르신 날이었습니다.
저는 지금도 부릅니다. '아바 아버지!' 라고.
저는 살아 계신 아버지 때문에 행복합니다.

 ## 나 때문에

죽은 지 나흘 된 청년 나사로를 살리신 사건은
그리스도인의 부활 예표이며 소망이 됩니다.
나사로 사망의 비보를 접하신
예수님은 나흘이 지난 다음에야 베다니를 방문하셨고
슬퍼하는 누이들을 위로하셨습니다.
그러나 근본적 위로는 나사로를 살리신 사건이었습니다.
"나사로야 나오라"는 한마디에 죽은 나사로가
살아 무덤 밖으로 나온 것은 다시 살리시는 부활의 능력이
하나님께 있음을 보여주신 것입니다.
이 사건으로 베다니 마을이 발칵 뒤집혔습니다.
반신반의하던 마을 사람들이 나사로 때문에
예수를 믿기 시작했습니다.
우리의 역할은 두 가지입니다.
나 때문에 예수 믿던 사람이 예수님 곁을 떠나는 경우와
나 때문에 많은 사람이 예수님께로 돌아오는 경우입니다.
나의 현위치는 어디입니까?
나 때문에 그 사람이, 그 교회가,
그 나라가 어떻게 되어가고 있습니까?

희년의 기쁨 그리고 비전

슬픔은 나눌수록 작아집니다.
무거운 짐은 나눠질수록 가벼워집니다.
그러나 기쁨은 나눌수록 커집니다.
비전 역시 공유와 분배의 공작창을 거치면 온 세상을 가득
채우고 남을 만큼 커집니다.
숭실 50년! 반세기 역사를 일구신 분은 하나님이십니다.
우리 모두는 하나님이 숭실교회사를 써 내려가실 때
종이었고 붓이었습니다. 우리는 지금 희년의 기쁨을
유서 깊은 기독교 명문 사학 숭실대학교에 모여
나누고 있습니다. 영광도 기쁨도 맨 먼저 주님께 드립니다.
역사란 뒤안길이 있기 마련입니다.
숭실의 뒤안길도 평평한 것만은 아니었습니다.
그러나 숭실인의 예지와 신앙, 인내와 끈기가 오늘 이곳을
마련하게 했습니다. 지나간 역사는 조명등으로 족합니다.
우리의 비전은 대한민국을 넘어 세계로 뻗어 가는 것입니다.
그 비전은 반드시 이룩될 것입니다. 우리 모두 힘을 모아
비전을 선포합시다. 그리고 대장정의 길을 떠납시다.
세계로! 미래로!

가정

"사탄은 가정을 파괴하려 한다.
파괴하지 못하면 흔들기라도 한다"는 말이 있습니다.
가정은 하나님의 선물입니다.
선물의 가치는 보존과 돌봄을 통해 빛납니다.
사탄의 전략은 아담과 하와의 틈새를 공략하는 데 성공했고,
오늘도 유사한 전략으로 가정을 공격하고 있습니다.
아담과 하와 사이의 균열 촉발제는
의심, 회의, 불신이었습니다.
현대 가정이 무너지는 굉음이 여기저기서 들립니다.
이유들을 따져 보면 단순하지가 않습니다.
그러나 중요한 것은 부부가 무너지면
자녀가 상처받고 신앙도 흔들린다는 것입니다.
결단코 가정 파괴의 원인 제공은 성령이
아니라는 점을 주시해야 합니다.
가정은 가족을 담는 큰 그릇입니다.

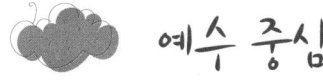

예수 중심

"자아 중심적인 사람들은 다른 사람들에게
부정적인 영향을 끼친다.
그들은 피곤하게 하고, 싫증나게 하고, 속이며,
때로는 놀라게 한다.
이와 반대로 진정한 자기(Real self)에 가까운 삶을 사는 사람은
다른 사람에게 긍정적인 영향을 주며 칭찬의 대상이 된다."
《영적 에너지를 회복하는 길》에서 존 샌포드가 한 말입니다.
자아 중심적 삶의 덩치가 커지면 이기주의로 변신합니다.
자아 중심이 자기를 위해 울타리를 치는 행위라면,
이기주의는 자기를 위해 다른 사람을 무너뜨리는 행위입니다.
둘 다 풍기는 냄새가 역겹긴 마찬가지입니다.
그렇다면 향기 나는 삶은 어떤 것입니까?
남을 배려하고 감싸 주고 섬기는 삶,
더 나아가 자기를 낮추고 희생하는 삶이 향기로운 삶입니다.
하루빨리 온 세상이 향기로 뒤덮였으면 좋겠습니다.

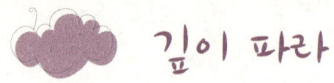 ## 깊이 파라

광산업에 손을 댄 록펠러가 사기에 걸려
투자액 모두를 날려 버렸습니다.
광부들은 밀린 임금을 요구하며 폭도화했습니다.
록펠러는 기도했습니다. 그 때 들린 음성은
"더 깊이 파라"였습니다.
그는 하나님의 응답으로 믿고
폐광을 다시 파기 시작했습니다. 좀더 깊이, 더 깊이……
폐광을 파 내려가는 록펠러를 지켜보는 사람들은
실패의 충격으로 제정신이 아닌 것으로 여겼습니다.
더 깊이 파 내려가던 어느 날 검은 물체가 솟구쳤습니다.
석유가 터져 나온 것입니다.
검은 금, 유전을 발견한 것입니다.
갈릴리 바닷가의 실패자 베드로도
"깊은 데로 가서 그물을 내리라"는
말씀 때문에 만선의 기쁨을 누렸습니다.
은혜의 바다는 길고 깊습니다.
찰싹거리는 바닷가를 맴돌면 은혜를 체험하기 힘듭니다.
깊은 데로, 보다 더 깊은 데로 그리고 더 깊이 파야 합니다.

부부 싸움

오른손과 왼손, 오른쪽 눈과 왼쪽 눈이 치고 패고 할퀴고
싸우는 일은 있을 수 없습니다.
그것은 지체의 반란이며 와해이기 때문입니다.
부부는 한 몸입니다. 한 몸이란 유기적 집합으로 구성된
하나라는 뜻입니다. 그런데 요즈음 지체들의 반란이 수위를
넘어서는가 하면 전쟁도 불사하고 있습니다.
싸움이란 국가든 집단이든 상처가 크고
후유증이 남기 마련입니다.
부부 싸움이란 없는 것이 가장 이상적입니다.
그러나 꼭 해야 할 부부 싸움이라면
다음의 계명을 유의해야 합니다.
① 칼로 물 베기가 되게 하십시오.
감정의 골이 오래 남지 않도록 빨리 메우십시오.
② 먼저 손을 내밀어 화해를 시도하십시오.
해지도록 분을 품는 것은 건강을 해치는 암이 됩니다.
③ 자녀 몰래 싸우십시오.
당사자보다 자녀들이 받는 상처는 메가톤급이 됩니다.
④ 그때마다 주님의 개입을 요청하십시오.

 선교

1932년 3월 현 서울신학대학교의 전신인
동양성서학원 학생들은
만주 선교가 급하다는 소식을 듣게 되었습니다.
학생들은 기도하기 시작했고 선교비를 모으기 위해
점심을 굶고 그 돈을 모아 선교지로 보냈습니다.
여학생들은 하루 한 끼 금식을,
남학생들은 고기를 먹지 않고
그 돈을 모아 선교비를 마련했습니다.
65년 전의 일입니다.
선교가 성립되려면 선교지, 선교사, 선교비가 있어야 합니다.
그리고 기도가 있어야 합니다.
가는 사람과 함께 보내는 사람이 있어야 합니다.
선교는 기도와 물질의 지원 사령부가 든든해야 합니다.
내가 가지 못해도 보내는 사람이 될 수 있습니다.
가라, 보내라, 도우라 그리고 기도하라.

 ## 가장 존경하는 사람

C.J. 매허니 목사님은 27년간 미국 메릴랜드 주에 있는 커버넌트 라이프 교회를 담임한 목회자입니다. 그는 《겸손》이라는 자신의 책 속에서 말합니다.
"자녀들이 가장 존경하는 사람은 누구인가?
그들은 누구를 진정으로 위대하다고 말하는가?
그들이 가장 흥분한 어조로
가장 빈번하게 입에 올리는 사람은 누구인가?
그들은 누구를 가장 열정적으로 말하는가?
배우인가? 운동 선수인가? 아니면 정치가인가?"
여기서 저자는 부모라야 된다고 대답합니다. 그는 이어서
"부모를 공경하라. 지금부터 부모님의 관 앞에
서게 될 때까지 온 마음과 힘을 다해
그들을 사랑하고 공경하겠다는 거룩한 뜻을 세우라"고
권하고 있습니다. 자녀들은 부모를 가장 존경해야 합니다.
그리고 부모들은 가장 존경받는 사람이 되도록 해야 합니다.
부모의 외형적 조건이 곧 존경의 조건일 수는 없습니다.
부모라는 사실 하나만으로도
존경과 사랑 받기에 넉넉합니다.

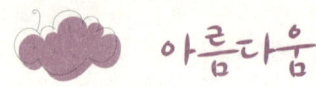 아름다움

최상의 미(美)는 진, 선, 미로 표현합니다.
시대의 변천을 따라 미의 가치나 척도는 변합니다.
여인의 경우 중세 미인과 근세 미인,
동양미와 서양미가 각각 다릅니다.
지정의(知情意)가 인격의 균형을 이루듯
진선미를 갖춘 미인이 진짜 미인으로 꼽히게 마련인데,
세 가지를 다 갖춘 미인은 찾기 쉽지 않아
세 부류로 나누어 미인을 뽑는다고 합니다.
미학에서는 추미(醜美)를 논합니다. 추한 것도
아름다울 수 있다는 것입니다.
사람에겐 두 종류의 미적 가치가 있습니다.
그것은 외미(外美)와 내미(內美)입니다.
둘 다 갖추면 더할 나위 없겠지만
하나를 선택해야 한다면
내미(內美), 심미(心美),
그리고 신미(信美)를 골라야 합니다.

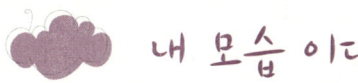 내 모습 이대로

"기도는 하나님과 교제하는 도구다.
복식 부기 같은 기법이나 기교의 일종이 아니다.
무슨 규정집에 따라 관계를 맺는 사람은 아무도 없다.
지구상의 누구와도 닮지 않은 저만의 얼굴과
몸, 지성, 감성과 기질을
소유한 인격체로서 내키는 대로 자유롭게 사귈 뿐이다.
하나님은 우리가 어떤 인간이고 왜 사는지
누구보다 잘 알고 계신다.
그러므로 진정한 자아를 있는 그대로 드러내는 방식으로
반응한다 해도 조금도 놀라지 않으신다."
필립 얀시가 자신의 저서 《기도》에 쓴 글입니다.
훤히 꿰뚫고 계시는 하나님 앞에서
자신을 감추고 포장할 이유가 없습니다.
"접니다. 이게 제 모습입니다"라며
다가서도 나무라시지 않습니다.
제아무리 화려한 포장지도 풀고 찢어버려야 합니다.
그래야 속의 것을 볼 수 있습니다.

 신령한 눈

《신비한 인체 창조 섭리》의 저자 김종배 교수는 "인체의
모든 부분이 하나같이 신비스럽지만 생명의 우연 발생설을
고집하는 진화론자들마저 항시 고개를 갸우뚱거리게 하는
부분 중의 하나가 바로 '눈' 이다.
흔히 우리의 눈을 사진기에 곧잘 비유하지만 눈이 갖는
그 다양한 기능과 목적엔 따라올 수가 없다. 눈은 한마디로
밖에서 들어온 광선을 모아 그 후벽에 상을 맺게 하는
장치라고 말할 수 있다"고 했습니다.
모든 사람은 세 종류의 눈을 가지고 있습니다.
그것은 사물을 보는 눈과 정신 세계를 보는 눈,
그리고 영원한 세계를 보는 눈입니다.
사물을 보는 눈은 콘택트렌즈나 안경이 보조할 수 있고,
정신 세계를 보는 지안은 후천적인 노력으로
밝아질 수 있습니다. 그러나 영원한 나라를 보는 눈은
믿음의 렌즈라야 선명해집니다.
그리고 가장 중요한 눈은 신령한 눈입니다.
그 눈이 어두우면 내일도, 영원도,
그 나라도 보이지 않기 때문입니다.

 ## 골치 아픈 사람들

송길원 목사가 쓴 책
《낙하산과 얼굴은 펴지지 않으면 죽는다》 안에
"골 때리는 사람들"이라는 글이 있습니다.
"이 세상에서 가장 골치 아픈 사람들은 어떤 이들일까요?
① 으악새(풀 이름)를 새라고 우기는 사람,
② LA와 Los Angeles가 다르다는 사람,
③ 컴퓨터 바이러스가 몸에도 전염된다고 우기는 사람,
④ 지구가 네모나다고 여기는 사람,
⑤ 토끼풀과 클로버는 다르다고 하는 사람,
⑥ 사람은 언제든지 변할 수 있다고 여기는 사람."
뭔가를 생각하게 하는 웃기는 글입니다.
선민임을 자처했던 유대인들이 유사한 사고의 사람들이었고
우리네 내심(內心)과 삶 속에도
그런 요소들이 잠재해 있습니다.
아닌 줄 알면서 우기는 사람,
내친 길이라며 고집 피우는 사람,
안면 몰수하고 덤비는 사람, 때와 장소 분간 없이
설치는 사람, 그들의 별명은 골치 아픈 사람들입니다.

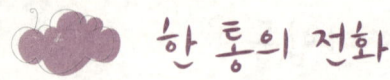
한 통의 전화

빌리 그레이엄이 유명해지기 전 어느 날,
그의 할머니는 언론계의 거물 랜돌프 허스트에게
전화를 걸었습니다.
직접 전화를 받을 확률은 미지수였습니다.
그러나 그가 직접 전화를 받았습니다.
할머니는 또박또박 유력 일간지
사장에게 젊은 전도자에 대한
자신의 생각을 설득력 있게 전달했습니다.
허스트는 전화를 끊고 곧바로 모든 편집장들에게 전보를
치도록 지시했습니다. 전보 내용은 아주 간단했습니다.
"빌리 그레이엄을 띄워줄 것."
《하나님이 당신에게 윙크할 때》라는 책 속에 실린
얘기의 한 토막입니다.
할머니의 전화 한 통이 랜돌프 허스트를 감동시켰고,
빌리 그레이엄이 언론의 주목을 받게 된
동기를 만들었습니다.
기도는 하나님을 향한 무선 전화입니다.
하루 동안 몇 번 정도 전화를 걸고 계십니까?

 절약

"어느 초등학교 교사의 말,
'수업이 끝난 후 아이들이 집에 돌아가고 난 뒤
교실 이곳 저곳을 둘러보면 지우개, 연필, 볼펜, 색연필,
실내화 등이 널려 있어요. 어떤 때는 휴대전화도 있고요.
다음날 모아 둔 것들을 돌려주려고 하면 필요 없다는
애들이 대부분이에요. 벌써 어머니가 또 사주었다는 거예요.'
여기에 비해 유대인들의 내핍과 절약은 정평이 나 있습니다.
가난할 때나 부유할 때도 물질을 아끼는 것이
몸에 배어 있습니다."
현용수 교수의 《돈은 이렇게 벌고 이렇게 써라》는
책 안에 실린 글입니다.
무조건 아끼는 것은 이기심이고
덮어놓고 쓰는 것은 낭비입니다.
그러나 나를 위해선 아끼고
남을 위해 쓰는 것은 나눔과 섬김입니다.
내 자식은 해진 양말 기워 신기고
그렇게 모은 돈을 장학금으로 쾌척하는 선행,
바로 이것이 바른 절약 행위입니다.

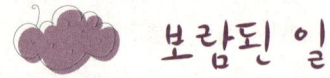

보람된 일

《우화로 읽는 탈무드》(권은아 역)에 실린 이야기.
"남자의 일생을 동물에 비유하여 7단계로 나눈다.
1세: 모든 사람이 임금 떠받들듯 기분을 맞춰 준다.
2-9세: 돼지처럼 진흙탕 속을 마구 구른다.
10세: 새끼 양처럼 웃고 떠들고 뛰어 다닌다.
18세: 육체적으로 완전히 자라 종마(種馬)처럼
힘을 과시한다.
결혼 후: 가정이라는 무거운 짐을 지고 당나귀처럼
힘겹게 걸어간다.
중년: 가족 부양을 위해 개처럼 일에 충성한다.
노년: 원숭이처럼 촐싹대고 어린애처럼 군다.
그러나 아무도 관심을 갖지 않는다"는 것입니다.
사람에겐 누구나 '일생'이 있습니다.
시차와 격차가 있긴 하지만 어떻게 사느냐로
가치가 판가름됩니다.
우리는 공주도 왕자도 아닙니다. 하나님의 일꾼입니다.
오늘 여기서 보람된 일을 창출하는 것이
우리가 할 일입니다.

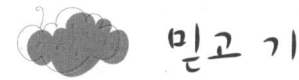 믿고 기도하고

"파산으로 빚이 산더미처럼 쌓이고, 배우자도 당신 곁을
떠나 버리고, 주변에 친구 한 명 남지 않는다면,
다리 밑으로 뛰어내리는 것 말고는
다른 방법이 생각나지 않을 것이다.
그런 극단적인 상황은 아니더라도
누구나 한 번쯤은 죽음의 유혹을 느낀 적이 있을 것이다.
희망의 그림자도 찾아볼 수 없고 내 인생은 끝장났다고
여겨지는 순간 말이다.
그러나 하나님을 믿는 사람이라면 각자의 경험을 통해
그 때 기도가 이루어진다는 사실을 알게 될 것이다.
그럴 때 하나님은 자신의 존재를 나타내시고
구하는 자에게는 언제나 두 번째 기회를 주신다."
스콰이어 러쉬넬이 지은 《하나님이 당신에게 윙크할 때》
안에 실린 글입니다.
끝은 시작으로 되돌아가는 전환점입니다.
바다보다 더 깊은 곳은 땅입니다. 절망은 희망의 출발점이고,
실패는 성공의 디딤돌입니다. 그것은 믿고 기도하는
사람에게만 해당되는 공식인 것입니다.

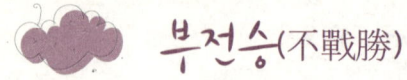# 부전승(不戰勝)

〈리더스 다이제스트〉에 실린 글.
"아무리 사랑하는 사이라도 문제가 생길 수 있다.
의견이 다르거나 누군가 잘못했더라도
싸우지 않고 해결할 수 있는 방법을 찾아야 한다.
문제가 생길 때마다 무조건 싸워서 이기려고 하지 말고
싸움이 커지지 않게 하려고 노력해야 한다.
어차피 싸워서 이겨봤자 상을 받는 것도 아니고
마음에 상처만 남는다."
깊이 새겨둘 글입니다.
승부를 갈랐던 제1,2차 세계대전도 상처가 깊었고,
6·25 한국전쟁도 동족 상잔의 골 깊은 상처를 남겼습니다.
아직도 치유되지 못한 아픔을 지닌 채 살아갑니다.
어차피 인생이란 토닥거리고 성질내며 살아가기 마련입니다.
하지만 부부 싸움에 이겼다고 금메달 주는 것도,
상금을 주는 것도 아닙니다.
그렇다면 상처뿐인 승리를 위해
인생을 소진할 필요는 없지 않습니까?

 교만

"교만의 역사는 매우 길다. 교만은 최초의 죄였다.
교만은 최초의 죄일 뿐 아니라 모든 죄의 핵심이다.
하나님 보시기에 교만은 가장 심각한 죄다.
지금까지 내가 연구한 바로는
하나님이 교만보다 더 미워하시는 죄는 없다.
물론 하나님은 모든 죄를 다 미워하신다.
하지만 많은 성경 구절이 하나님이 교만을 가장 가증스럽게
여기신다는 사실을 보여준다."
27년간 메릴랜드 주에 있는 커버넌트 라이프 교회를
담임했던 C.J. 매허니 목사가 쓴
《겸손》이라는 책에 쓴 글입니다.
교만은 마음의 태도가 결정합니다.
허리를 굽히고 두 손으로 싹싹 빌어도 마음 안에
교만이 자리 잡고 있다면 교만한 것입니다.

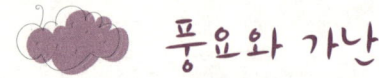 # 풍요와 가난

교회 성장학의 대가인 피터 와그너 박사는
자신의 저서 《일터 교회가 오고 있다》를 통해
풍요의 축복과 가난의 저주를 논하고 있습니다.
그는 이렇게 말합니다. "하나님은 당신의 백성이 잘되기를
원하시지 가난하게 살기를 원치 않으신다.
풍요의 반대는 빈곤이다. 우리가 세울 수 있는 전제는
가난을 일으키는 영적 존재가 세상에 있다는 것이다.
풍요가 경건한 축복이라고 말하면
어떤 사람들은 이런 이야기에 무척 불편해 한다.
그러나 우리는 가난에서 풍요로 가야 한다는 사실에
동의해야 한다."
욕심으로 부를 획득하려는 것도, 가난을 경건의 간판으로
삼는 것도 잘못입니다.
하나님은 정당한 부를 바르게 관리하는 것을 기뻐하십니다.
그리고 그들에게 풍요를 더하십니다.

여유

월요일 아침 만원 지하철 안에서 있었던 일, 급커브에서
지하철이 흔들리는 바람에 곁에 서 있는
사람의 구두를 밟았습니다.
때 빼고 광낸 구두가 밟힌 것입니다.
반응A : "아이고 이를 어쩌죠. 죄송합니다.
전동차가 흔들리는 바람에 제가 큰 실수를 범했군요."
"천만에 말씀입니다. 저도 가끔 남의 구두를 밟곤 한답니다."
역에 차가 멈추자 두 사람은 씨익 웃으며 "안녕히
가십시오", "좋은 하루 되세요"라며 헤어졌습니다.
반응B : "왜 남의 구두를 아침부터 재수없게 밟아요?"
"밟고 싶어 일부러 밟았어요?
전동차가 도는 바람에 밟았지요."
"이봐요, 밟았으면 사과를 해야 할 거 아니요."
"다시 닦아주면 될 거 아니요."
이렇게 되면 멱살잡이가 벌어지고
그날 하루 기분은 엉망이 되고 말 것입니다.
삶의 여유, 생각의 여유! 그렇습니다. 세상은 넓습니다.
동서남북 둘러보며 여유롭게 삽시다.

제3부 아름다운 그대 손

박수

미국에 머무는 동안 US오픈 테니스 대회가
뉴욕에서 진행되고 있었습니다.
수많은 사람들이 경기장 스탠드를 메우고 있었습니다.
그들은 선수들의 득실점을 따라 환호와 박수를 보냈습니다.
내 편 선수가 득점하면 박수를,
실점을 하면 탄성을 지릅니다.
그런가 하면 양편 가리지 않고 환상적 묘기를 펼칠 때마다
박수를 아끼지 않는 사람들이 있었습니다.
그들은 테니스 자체를 좋아하고 즐기는 사람들입니다.
인생이란 성공과 실패, 행복과 불행, 건강과 질병이
한마당에 얽힌 채 굴러가기 마련입니다.
그러나 그것들을 하나님이 마련하신 거룩한 경기로 본다면
감사하고 박수칠 수 있을 것입니다.
좋으면 박수치고 나쁘면 퇴장하는 유아적 삶의 태도는
결코 바람직하지 않습니다.
박수는 건강에도 좋답니다.

 도청

무선 전화, 팩스, 컴퓨터 등은 사용할 때마다 신기합니다.
전 세계 어느 곳이나 통화가 가능하고
정보 전송이 동시에 이뤄집니다.
얼마 전 국정원장이 인질 석방을 위해
두바이를 방문했습니다.
직접 그곳을 찾아가야 할 여러 가지 이유가 있었습니다만
그중 하나가 '도청' 때문이었다고 했습니다.
국가 정보 총책임자도 도청을 걱정한 것입니다.
얼굴 없는 누군가가 일거일동과 통화 정보를
캐낼 수 있다는 것입니다.
문명의 이기는 때로 흉기가 될 수도 있습니다.
더 중요한 것은 하나님은 우리가 내뱉지 않은
속생각까지 낱낱이 아신다는 것입니다.
그래서 하나님의 초월성은 피할 길이 없습니다.
우리 모두는 하나님의 선하신
감청 앞에 서 있다는 것을 아십니까?

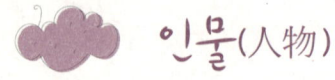# 인물(人物)

도미 중 기내에서 《미래 리더십 코드》라는 책을 읽었습니다.
미국 조지아 주립대학의 존 C. 냅 교수가 편저한 책입니다.
"모범적 인물의 부재"라는 글 안에 적힌 한 토막.
"리더십은 올바른 모델의
부재 현상에 의해서도 위협받을 수 있다.
기본적으로 젊은이들은 본보기가 될 만한
인물을 보고 배운다.
세간의 주목을 받는 인물이
부적절한 수단을 이용하여 성공을 거두거나
그러한 부정 행위가 사면되었다는 내용이 뉴스에 나온다면
많은 젊은이들이 그것을 모방하려고 할 것이다."
요즈음 최고 지도자가 되겠다는
사람들이 부쩍 많아졌습니다.
정당한 지도력의 검증 과정도 거치지 않은 채 말입니다.
성경이 말하는 리더십은 섬기는 종으로서의 리더십입니다.
그런 사람들이 인물이 되고, 리더가 되어야 합니다.
그래야 존경과 사랑을 받을 수 있기 때문입니다.

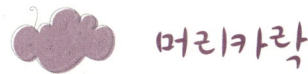 머리카락

머리카락을 절단한 후 그 끝을 전자 현미경으로 관찰하면
수많은 원(原)섬유로 되어 있고, 그들 원섬유는 서로 감겨
단단한 밧줄 모양으로 되어 있다고 합니다.
원섬유란 케라틴이라는 일정한 나선 구조를 갖는
단백질 사슬 세 가닥이
서로 감겨 밧줄 모양처럼 되어 있는 것을 말하고,
세 가닥짜리 밧줄 11개가 모여 미세 원섬유를 형성하고,
이것들이 모여 마이크로 원섬유를 형성하는데,
머리카락은 결국 이 마이크로 원섬유로 구성되어
있다는 것이 과학자의 설명입니다.
복잡한 복합 과정을 거쳐 형성된 것이 머리카락입니다.
머리카락도 하나님의 작품입니다.
그래서 "너희 머리털까지도 다 세신 바 되었다"고 했습니다.
머리카락 하나 심는 데 1만 원이 든답니다.
그러면 10만 개의 머리카락 값은 얼마나 될까요?

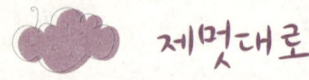 제멋대로

언젠가 수목원을 거닐었습니다.
갖가지 꽃과 나무들이 어우러져 자태를 뽐내고 있었습니다.
하늘로 곧게 치솟은 나무, 옆으로 가지 뻗고 춤추는 나무,
꼬불꼬불 꼬인 채 맵시 내고 있는
나무 등 크기와 생김이 각양이었습니다.
나무는 손질하고 가꾸기에 따라
제 모습을 바꾼다는 것입니다.
정원사의 손질과 돌봄에 따라
이렇게도 저렇게도 만들 수 있다는 것입니다.
동물 사육도 그 공식이 적용되지만
유일하게 사람만 공식 외적 조건을 따라
'제멋대로' 가 된다고 합니다.
제멋대로는 자연미가 아닙니다.
자연미는 순수미이고, 제멋대로는
굴절된 미이기 때문입니다.
제멋대로 신앙, 그것은 돌출이고 저항입니다.
제멋대로는 멋도 맛도 아닙니다.

혀 2

"랍비가 하인에게 가장 맛있는 것을 사오라고 했다.
하인은 짐승의 혀를 사왔다. 며칠 후 랍비는
가장 맛없는 것을 사오라고 했다.
하인은 또 혀를 사왔다. 이상히 여긴 랍비가 물었다.
'가장 맛있는 것을 사오라고 했을 때도 혀를,
가장 맛없는 것을 사오라고 했을 때도 혀를,
어째서 똑같은 것을 사왔느냐'
하인은 '좋을 경우 혀보다 좋은 것이 없고,
나쁠 경우 혀보다 나쁜 것이 없기 때문입니다' 라고 대답했다.
인간에게는 여섯 개의 쓸모 있는 부분이 있다.
그 가운데 눈, 귀, 코는 스스로 다스릴 수 없는 부분이고,
입, 손, 발은 스스로 다스릴 수 있는 부분이다."
〈탈무드〉에 나오는 이야기입니다.
세 치 혀라고 합니다만 그 기능은 세 치가 아닙니다.
정치, 경제, 사회를 뒤흔들 수 있고
누군가를 박살낼 수도 있습니다.
교회를 파괴할 수도 있고 사탄에게 길을 내줄 수도 있습니다.
그래서 지혜로운 사람은 자기 혀를 조절하고 통제합니다.

낙엽 이야기

동토(冬土)를 뚫고 돋아난 노란 새싹,
산야(山野)를 뒤덮었던 짙푸른 나뭇잎,
엊그제였는데 어느새 단풍이 물들고 낙엽이 지고 있습니다.
낙엽은 지고 다시 피는 순환의 원리를 지니고 있지만,
인생은 갔다가 다시 오고 졌다가
다시 피는 경우가 없습니다.
폴 투르니에가 지적한 대로, 인생은 사계(四季)를 거쳐
낙엽처럼 지도록 설계되어 있습니다.
노란색 봉우리가 삶의 시작을 알리는 휘슬이라면
낙엽은 끝을 이르는 종소리입니다.
세상도 인생도 시작과 끝이 있습니다.
만개한 꽃송이가 자태를 뽐내지만 가을 서리에
기죽고 시들고 나면 볼품이 없습니다.
고결하고 말쑥한 마무리로 마침표를 찍을 수만 있다면
이보다 더 큰 행복이 어디 있겠습니까?

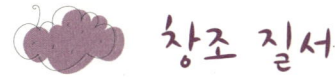 창조 질서

"남자와 여자, 아담과 하와를 지으시고 둘이 한 몸이 되라."
이것은 태초부터 있었던 창조 원리이며 결혼 윤리입니다.
민주주의란 법의 테두리 안에서 최대한
자유로운 삶을 향유할 수 있도록 하는 제도입니다.
그래서 민주주의일수록 법의 역할이 중요합니다.
최근 정부 주도로 "동성애 차별 금지 입법"이
추진되고 있습니다.
개인의 자유를 막을 수는 없습니다.
그러나 정부 주도로 그런 법을 만드는 것은 결코
잘하는 일이 아닙니다.
거기다 손해 배상 청구법까지 곁들여 그 법을 어길 경우
2년 이하 징역이나 1천만 원 이하의 벌금까지
받게 한다니 더 할 말이 없습니다.
창조 질서는 모든 법 위에 존재합니다.
제아무리 당사자 개인의 고뇌를 고려한다 해도 법을
만드는 것은 안 됩니다.

박수치는 사람들

《성품》(이영숙 저)이라는 책에 실린 글입니다.
"우리는 하나님의 합창단원입니다.
두 사람이 화음을 맞추면 멋있지만
가끔은 한 사람이 솔로를 맡아야 할 때도 있습니다.
상대방이 솔로를 해야 할 때는
박수를 쳐줄 수 있어야 합니다.
내 맘대로 안 된다고 해서 노래를 중단해서는 안 됩니다.
상처가 있을 때 우리는 상대방을 자꾸 지배하려 듭니다.
상처를 버리십시오. 그러면 있는 그대로의 모습으로
그 사람을 인정하게 됩니다."
제아무리 좋은 운동도 억지로 하면
강제 노동이 된다고 합니다.
강요당한 박수는 의미도 가치도 없습니다.
그러나 내가 속한 공동체 안에서 다른 사람을 향해
박수를 쳐 주는 것은 멋진 태도가 아닐 수 없습니다.
격려와 칭찬의 박수가 삭막한 우리네 삶을
풍요롭게 해줄 것입니다.

 ## 예수 없는 성탄절

미국에 잠시 머무는 동안 몇 군데 카드샵을 찾았습니다.
마음에 드는 성탄카드를 찾기 위해서였습니다.
수천 장의 카드가 크기와 종류별로 진열되어 있었습니다.
그런데 어느 카드에도 예수는 없었습니다.
눈 덮인 정원, 뿔 달린 사슴, 설원을 달리는 썰매,
그 어떤 카드에도 아기 예수나 구유는 없었습니다.
친구에게 섭한 뜻을 전했더니
"이것이 미국 신앙의 현주소다"라고 대답했습니다.
예수 없는 성탄절, 불 꺼진 성탄 장식,
이것이 우리네 신앙의 현주소가 아니길 바랍니다.
아기 예수께 성탄절을 되돌려 드리고
주인공이 되게 해드립시다.
우리네 마음의 구유를 채우고 있는 잡동사니들을 말끔히
치우고 쫓겨난 아기 예수를 거기에 모십시다.

대통령

왕은 세습이지만,
대통령은 민주적 합헌 절차를 거쳐 국민이 뽑습니다.
왕은 대물림으로 군림하지만,
대통령은 국민의 주권 행사에 의해 선택됩니다.
왕은 독재가 가능하지만, 대통령은 그것이 불가능합니다.
왕은 백성을 지배하지만,
대통령은 주권 행사자의 감독을 받아야 합니다.
그래서 함부로 권력의 칼날을 휘두르거나 백성을 얕잡아보면 안 됩니다. 대통령의 책임과 권한은 상상을 초월합니다.
왕의 통치와 신앙은 이스라엘 공동체의
행불행을 좌우했습니다.
대통령의 역량 역시 국가 운명을 결정하기 때문에
바로 뽑아야 합니다.
함량 미달인 사람, 권력을 탐하는 사람이라면
대통령감이 아닙니다.
이 나라를 맡길 수 있는 사람,
우리를 슬프게 하지 않을 사람을 뽑아야 합니다.
그가 누구냐고 묻지 마십시오. 저는 이미 마음을 정했답니다.

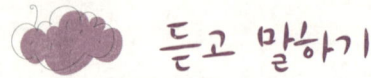# 듣고 말하기

"혼자만 이야기하고 상대방의 이야기는 제대로 귀담아
듣지 않는 사람이 있다.
상대방은 무시당한 느낌일 것이다.
상대방의 이야기를 듣기만 하고
전혀 응답이 없는 사람도 있다.
상대방은 신명이 안 날 것이다.
대화란 내가 한마디, 상대방이 한마디씩
서로 건넴으로 즐거운 것이다.
무시당한 상대방은 침묵의 껍질 속에 갇혀 버린다.
그렇다고 무르게 대하면 쓸데없는 이야기만 장황하게
늘어놓을 것이다"(占部都美 저, 《사람을 다루는 비결》).
듣지도 않고 말도 하지 않는 사람,
그는 통로가 막힌 사람입니다.
듣지 않고 자기 말만 떠벌리는 사람,
그는 시끄러운 사람입니다.
듣긴 하지만 침묵하는 사람, 그는 답답한 사람입니다.
듣고 말하는 사람, 그는 인격적인 존재이며
대화의 사람입니다.

# 성탄절 추억

어릴 적 자란 곳은 교회가 있는 작은 마을이었습니다.
12월에 접어들면 선생님들이 주일학교 조무래기들을 모아
성탄절 축하 준비를 시작했습니다.
연극, 노래, 무용 등 한 달 내내 가르치지만
소꿉놀이를 벗어나지 못했습니다.
그래도 대형극장 빅쇼나 대박 터진 영화보다
훨씬 더 재미있었습니다.
성탄 전야 동이 틀 때까지 동네방네를 돌며 불렀던 새벽송,
몸이 얼고 목이 터졌지만 그 시절 그 순수가 그립습니다.
수고했다며 내밀어준 군고구마나 찐빵이야말로 웰빙,
그 자체였습니다.
그런데 요즘 사람들은 성탄절을 기다리지 않습니다.
기다리는 사람들은 백화점과 대형마트,
그리고 이벤트사뿐입니다.
그래서인지 세월이 지날수록 성탄절 추억이
새록새록 되살아납니다.

 종점

달리기의 꽃은 마라톤입니다.
총 42.195km를 달리는 마라톤은 전 구간을 완주한 사람,
가장 빨리 달린 사람, 그리고 지정된 코스를 달린
사람에게 월계관을 줍니다.
월계관을 머리에 쓰려면 건강, 스피드,
지구력이 있어야 합니다.
그리고 정해진 완주법을 지켜야 합니다.
참가에 의의가 있다며 걷는 사람, 샛길이나 지름길을 골라
중도에 끼어드는 사람,
달리다가 포기하는 사람은 상을 받지 못합니다.
비행기는 항로, 배는 해로, 기차는 철로, 사람은 인도,
정해진 제 길을 달린다면 충돌로 오는
대형 사고를 막을 수 있습니다.
마라톤의 결승점은 떠난 곳입니다.
떠난 곳으로 다시 돌아와야 승자가 됩니다.
하나님을 떠났던 사람이 떠났던 곳으로 돌아오는 것을
회개라고 합니다.
인간의 종점(終點)은 하나님의 출발점입니다.

제4부
예수 제일

자기 자리

말은 구유, 돼지는 우리, 소는 외양간,
닭은 닭장, 각기 제자리가 있습니다.
돼지에게 고급 빌라와 돼지우리를 동시에 제공하면
반드시 돼지우리를 선택한다는 것이
동물 전문가의 견해입니다.
거기가 먹고 싸고 뒹굴기에 편하기 때문입니다.
설사 고급 빌라를 선택했더라도 두 시간 안에 그곳을
돼지우리로 만들고 말 것입니다.
사람에게도 제자리가 있습니다.
돼지와 달리 사람에겐 인격과 예의, 품위와 생각이 있습니다.
그리고 보다 더 나은 삶을 향한 진보가 있습니다.
우주 삼라만상도 각각 제자리가 있습니다.
그것은 창조주가 정하신 법칙이기도 합니다.
만일 해와 달이 제자리를 박차는 날이면
우주 공간에 최악의 혼란이 일어나게 될 것입니다.
지금 나는 제자리에 있습니까?

화풀이

"한 사나이가 버스에 올랐다.
빈자리를 찾기 위해 주위를 살펴보았더니
몸집이 절구통 같은 부인이 푸들 강아지를 데리고
의자를 둘씩이나 차지한 채 앉아 있었다.
피곤에 지친 사나이는 부인에게 말했다.
'미안합니다만 한 좌석을 비어 주실 수 있겠습니까?'
그러나 부인은 못 들은 척하고 있었다. 사나이는 다시 말했다.
'죄송합니다만 이 개 대신 저를 앉게 해주십시오.'
그러자 부인은 머리를 절레절레 내저었다.
화가 난 사나이는 그 강아지를 빼앗아 창 밖으로 던져 버렸다.
그러자 옆에 있던 사나이가 그를
한심한 듯 바라보면서 말했다.
'나쁜 건 강아지가 아니라 그 여자가 아니오?
당신은 엉뚱한 것에 화를 내고 있군요.'"
〈탈무드〉 이야기입니다. 화는 감정의 폭발입니다.
그러나 거의 대부분 화풀이 대상이 엉뚱할 때가 많습니다.
대망의 새해, 화풀이로 상처 주고 상처 받지 맙시다.
화풀이는 또 다른 화를 만듭니다.

종점

높아지려다 날개 달고 추락하는 사람,
낮춘 탓으로 정상에 오른 사람, 각각 뒷얘기는 다릅니다.
물러서고 낮추면 끝장이라는 사고(思考) 때문에
사람들은 기를 쓰고 오르려 합니다.
산악인의 꿈은 처녀봉에 깃발을 꽂는 것입니다.
남이 오른 산정에 깃발을 꽂는 것은 무의미하다고 여겨
미지의 정상을 겨냥합니다.
그러나 정복한 산정에 살림집을 꾸리진 않습니다.
정상의 환희가 채 사그라지기 전 조심스레 하산해야 합니다.
오르막 못지않게 내리막도 어렵긴 마찬가지라고 합니다.
인생의 이치도 같습니다.
높이 오른 사람은 내리막길을,
낮아진 사람은 오르막길을 생각해야 합니다.
정상과 질곡, 그 어느 곳도 종점이 아니기 때문입니다.
인생의 종점은 다른 데 있습니다.

때

"하나님은 우리를 위해 모든 상황을 조정하고 계신다.
우리가 느끼거나 보지 못해도,
10년 전이나 지금이나 상황이 마찬가지처럼 보여도
하나님의 때는 한 치의 오차도 없이 들어맞게 되어 있다.
하나님의 때는 어떤 어둠의 세력도 막지 못한다.
정한 때가 되면 어느 누가 방해해도
하나님은 이루시고야 만다.
순식간에 상황이 바뀌어 사업이 번창하고
남편이 예수를 믿고 방황하던 자녀가 순식간에 돌아온다.
하나님의 때만 되면 우리의 꿈과 희망이
이루어지는 것은 순간이다."
조엘 오스틴이 《긍정의 힘》이라는 책에 쓴 글입니다.
문제는 그 때를 바라고 기다리는 일이 수월치 않다는
것입니다. 지루하고 초조하고 답답하더라도
하나님의 때를 믿고 기다리면
반드시 현실적인 응답으로 다가섭니다.
언제가 그때냐고요?
'하나님의 때' 입니다.

성격

성격이란 각 사람이 가지고 있는 성질, 품성,
인품을 통칭하는 말입니다.
인격이 각양(各樣)이듯 성격도 각색(各色)입니다.
같은 얼굴, 동일한 지문이 없다는 것은 창조의
신비이기도 합니다. 가치로 보면 모든 사람은 평등입니다.
그러나 성격이 같을 순 없습니다.
성격의 평준화란 있을 수도 있어서도 안 됩니다.
언젠가 잘나가는 연예인 커플이 갈라서는 이유를
'성격 차'라고 밝혔습니다. '성격 편차가 오죽했으면
갈라섰을까?' 라는 생각과 함께 '성격이란 차이가 나기
마련인데'라는 두 생각 때문에 혼란스러웠던 적이 있었습니다.
부부를 한 몸이라 부르지만 그건 신비한 뜻을 담고 있어 한
마디로 해석하긴 어렵습니다. 자기 팀 선수가 골을 넣도록
막아 주고 밀어 주는 사람의 역할을 어시스트라고 합니다.
서로 다른 성격이어서 어시스트 할 일이 많은 것이 부부입니다.
세상 사람이 온통 찍어낸 붕어빵처럼 같은 얼굴에 같은
성격이라면 진부하고 지루할 것입니다.
세상사는 서로 달라서 묘미가 있는 것 아닙니까?

결단

"죽을 것인가, 살 것인가? 충만의 삶인가, 결핍의 삶인가?
깨어 있을 것인가, 잠들어 있을 것인가? 깊이 있는 것인가,
얕은 것인가? 본질적인 것인가, 공허한가? 참인가, 거짓인가?
빛인가, 어둠인가? 본질적인 충족인가, 표면적 도취인가?
진리인가, 환상인가? 모험인가, 고통인가?
선택은 단 한 가지다. 이것 아니면 저것이다. 이게 바로
우리가 갖고 있는 유일한 선택이다. 제3의 선택이
있는 것처럼 꾸미는 것은 우스꽝스러울 뿐 아니라
완전히 글러먹은 행동이다.
수많은 현자들이 이 진리를 주창해 왔다."
심리학자 주디스 라이트가 쓴 책
《단 하나의 결심》에서 한 말입니다.
사람에겐 양자 택일의 자유가 있습니다.
그리고 선택과 결단에 따라 인생과 삶이 갈라집니다.
진리, 영원, 생명을 선택하느냐, 불의, 찰나, 파멸을
선택하느냐 하는 것은 전적으로 자유의지에 속합니다.
그러나 지혜롭고 현명한 선택이라야
행복한 삶을 이루게 된다는 것입니다.

중심 바로잡기

저는 어렸을 때부터 물과 친하지 못했습니다.
물장구 치고 헤엄을 쳐도 물속으로 가라앉기 때문입니다.
그러던 어느 날 동네 형이
"녀석아, 물이 너를 삼키진 않을 테니
잠자코 물한테 너를 맡겨. 그러면
물이 너를 뜨게 할 거야"라며 수영법을 대 주었습니다.
자전거를 처음 배울 때도 그랬습니다.
오른쪽, 왼쪽, 무차별 넘어져 무릎이 깨지고
핸들이 뒤틀리곤 했습니다.
그때 선배가 전해준 비법은 "살살 부드럽게 다뤄.
내가 자전거를 타는 게 아니고 자전거가 나를 태우는 거야.
중심만 바로잡으면 누구나 앞으로
갈 수 있어"라는 것이었습니다.
물에 뜨고 자전거에 앉는 것은 기초입니다.
달인인 양 굴지만 기초가 허술하면 쉽게 무너집니다.
인생도 다를 바 없습니다. 인생의 달인,
신앙의 영웅은 없습니다.
하루하루 중심 잡고 바르고 곧게 가면 됩니다.

# 감사하는 마음

데보라 노빌은 미국의 TV 프로그램
"인사이드 에디션"(Inside Edition)의 진행자입니다.
그가 쓴 책 《감사하는 마음》에 실린 글을 소개합니다.
"감사하는 마음은 갑자기 하늘에서 뚝 떨어지는 것이 아니다.
배우고 훈련받는 것이다. 지혜의 전수 과정인 셈이다. 지금
우리가 감사의 힘을 깨닫지 못하고 있다면 둘 중 하나다. 하나
는 그것을 일깨워 줄 부모나 은사를 만나지 못한 경우이고,
다른 하나는 숱하게 듣고도 그 의미를 깨닫지 못한 경우다.
대부분이 두 번째 경우에 해당한다.
감사하기를 실천한 사람들은 특별한 자신만의 목표를
성취했을 뿐만 아니라 행복한 삶을 만끽하고 있다."
감사와 원망은 관점과 생각의 차이가 만드는 산물입니다.
그리고 습관이기도 합니다.
둘 다 되풀이하다 보면 고착 행동이 성립되고
다시 되풀이하다 보면 삶의 가치, 인생관,
행불행이 결정됩니다.
늘 감사하는 마음을 지니면 언행이 차별화되고
감사할 사건이 증폭됩니다.

 ## 버릴 것 없는 나무

수를 셀 수 없는 나무들이 대지에
뿌리를 내리고 살아갑니다.
관상용, 목재용, 약재용, 식용 등 그 용도도 다양합니다.
성경에 자주 등장하는 나무는 감람나무, 포도나무,
무화과나무, 상수리나무, 뽕나무, 밤나무 등입니다.
그리고 사라진 나무는 선악과 나무와 생명 나무입니다.
그 가운데 감람나무는 버릴 것이 없는 나무입니다.
생김새는 명품도 일품도 아닙니다만,
줄기와 뿌리는 조각목으로,
열매는 식용과 기름용으로,
잎은 채(茶)와 약재용으로 쓰입니다.
감람나무는 버릴 것이 없습니다.
그러나 잡목은 쓸모보다 버릴 게 더 많습니다.
열매도, 쓸모도 없다면 불에 던져 사르게 됩니다.
적재(適材), 적소(適所), 적시(適時)에
존재 가치와 활용 가치를 인정받는
버릴 것이 없는 나무, 그런 나무가 되고 싶습니다.

 ## 부탁할 곳에 부탁하라

"누군가에게 원하는 것을 요구할 때는
먼저 그에게 부탁을 들어줄 만한 능력이 있는지 확인해 보라.
대기업의 창구 직원에게 10만 달러를 좌우하는
결정을 내리라고 요구하는 것은 얼토당토않은 일이다.
또 세 살짜리 아이에게 네가 어지럽힌 건 언제나 스스로
치워야 한다고 말하는 것도 쓸데없는 시간 낭비다."
잭 캔필드, 마크 빅터 한센이 지은 《부탁 좀 합시다》라는
책에 실린 글입니다.
아무 때나 누구에게나 부탁해도 실현 가능한
대답을 들을 수 있다면
그리고 당장 오늘 그 부탁이 현실로 다가선다면…….
그러나 세상일은 그렇게 되는 법이 없습니다.
그래서 부탁 대상 선별이 필요합니다.
우리에겐 특별한 부탁 대상이 있습니다.
시간과 공간의 구애 없이 모든 것을 다 들어줄 분이 있습니다.
부탁할 곳을 두리번거리지 마십시오.
부탁할 대상을 탐색하지 마십시오.
지금 하나님께 진솔하게 부탁하십시오.

 ## 오만 뒤에 오는 것

"옛날에 자만심 가득한 왕이 있었다.
그는 자신의 명령으로 밀물, 썰물도
간단히 통제할 수 있다고 생각했다.
그가 보기엔 밀물과 썰물도 왕국의 일부이므로
왕의 명령을 받아야 하는 것이었다.
어느 날 왕은 썰물일 때 물가에다 왕좌를 놓으라고 명령했다.
그리고 해변으로 가서 자신의 왕좌에 앉았다.
백성들이 해변으로 몰려들기 시작했다.
곧 밀물이 밀려들었다.
임금은 밀물에게 물러갈 것을 명령했지만 통하지 않았다.
임금은 명예를 손상시키지 않기 위해 밀물에게
계속 물러갈 것을 명하면서 그만 물에 빠져 죽었다."
매튜 켈리의 《위대한 나》에 있는 글입니다.
오만, 독선, 과신은 힘 가진 사람들의 공통점입니다.
그러나 자연의 섭리와 하나님의 경륜은
그 누구도 거스를 수 없습니다.
제한적 존재가 하나님을 거스르려는 것은
백전백패일 뿐입니다.

들풀 [野草]

꽃도 나무도 아닙니다. 그냥 들풀입니다.
자태도 향취도 없이 제멋대로 돋았다가 가을 바람,
모진 서리 견디지 못해 내려앉는 들풀,
그런데 봄기운이 땅 밑을 감돌 무렵이면 맨 먼저 대지를
뚫고 예서 제서 돋아납니다.
화사한 목련이나 불빛 철쭉보다
새봄을 알리는 전령은 들풀입니다.
억눌린 길바닥, 험곡, 바위 틈새도 상관하지 않습니다.
오로지 그것은 생명력 때문입니다.
거목도 죽은 나무는 잎을 내지 못합니다.
겨자씨도 생명만 있으면 새가 깃드는 나무가 됩니다.
인간의 가치도 다를 바 없습니다. 거인과 소인,
강자와 약자가 따로 없습니다.
그 안에 생명을 담고 있으면 거인이고 강자입니다.
우리 안에 담고 있는 생명은 부활하신
예수 생명이어서 폭발력이 있습니다.
흑암도 사망도 겁낼 것 없는 까닭은 내 안에
그 생명이 존재하기 때문입니다.

행동

"신념은 중요하다. 마음속으로 믿고 따르는 원칙이 없으면
줏대없는 인간이 될 것이다.
그러나 아무리 근사한 삶의 법칙이 있어도 행동하지 않으면
아무 소용없지 않은가. 일주일 내내 앉아서 신념이나
삶의 법칙들에 대한 근사한 생각을 해도 뭔가 하지 않으면
시간 낭비일 뿐이다. 빚에 대해 생각만 한다고 해서
신용카드 대금이 저절로 갚아지는 것은 아니니까.
신념은 목적지며 행동은 두 다리다. 목적지를 상상하는
비전이 필요하지만 도달하려면 두 다리로 걸어야 한다.
행동이 따르지 않는 신념은 무의미하다."
지인이 보내준 책《마시멜로 두 번째 이야기》에 실린
글입니다. 아무리 좋은 신앙도 행동하지 않으면 죽은
믿음이라는 것이 야고보서의 교훈입니다.
문제는 그 행동과 언어가 바르고
순화된 것이라야 한다는 것입니다.
신앙과 신념의 껍질을 쓴 독선과 위선,
기만과 날조가 활개치는 것도 뿌리를 추스르면
잘못된 신행(信行)임이 드러납니다.

선거 2

선거란 많은 사람 가운데서 필요한 사람을 투표를 통해
뽑는 것을 말합니다.
우리나라의 경우 임명직을 제외한 모든 공직자는
투표로 결정합니다.
대통령, 국회의원, 지자체의 대표는 물론
장로, 권사, 집사도 선거로 뽑습니다.
그러나 성경을 보면 선거에 관한 언급이 거의 없습니다.
몇 가지 사례가 있긴 합니다.
풍랑의 원인 제공자 규명을 위해 제비뽑기로 요나가 뽑혔고,
가룟 유다 대신 맛디아를 제비뽑기로 결정했습니다.
요나는 범법자로 뽑혔고,
맛디아는 행적을 남긴 게 없습니다.
성경이 말하는 인물 선정은 임명제입니다.
하나님은 일방적인 선정과 임명으로 사람을 세우셨습니다.
다윗, 이사야, 베드로, 바울……
그들이 큰일을 해냈습니다.
선거가 임박했습니다. 하나님의 마음에 드는 사람들이
뽑힌다면 그들이 큰일을 해낼 것입니다.

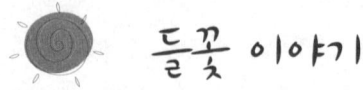 들꽃 이야기

봄은 꽃과 함께 옵니다.
봄이 오면 꽃샘바람도 아랑곳하지 않고 꽃이 핍니다.
봄꽃은 화사합니다. 개나리, 진달래, 벚꽃, 목련, 수식어가
모자랄 만큼 화려합니다.
그런데 그네들은 쉽게 피고 쉽게 집니다.
한바탕 비바람이 휘젓고 나면 꽃잎이 날리고 추해집니다.
화무십일홍(花無十日紅)이란 말이 거기서 나온 듯합니다.
그러나 가을에 피는 꽃은 명이 깁니다.
들꽃이 그렇고 국화가 그렇습니다.
명이 길기로는 여름에 피는 장미도 뺄 수 없습니다.
국화의 경우는 찬서리, 모진 바람도 마다하지 않은 채
의연한 자태를 뽐내며 피고 또 핍니다.
화들짝 놀란 듯 피었다 지는 봄꽃보다
피고 또 피는 가을꽃, 그 끈기가 좋습니다.
고난도, 핍박도, 실패도,
그리고 죽음도 꾹꾹 참고 견디며
다시 피어나는 들꽃 같은 사람들!
그들이 신앙인들입니다.

 감사

타인의 호의나 친절, 도움이나 배려를 당연한 것처럼
여기는 사람들이 있습니다.
그런 사람들은 고맙다든지 감사하다는
표현을 하지 않습니다.
이념이나 사상 훈련 때문인 사람도 있고 생활 관습 때문에
그런 사람도 있습니다.
그런 부류의 사람들은 도움이나 친절이 중단됩니다.
그러나 지극히 작은 사건이나 배려에 감격하고
감사하는 사람들은
더 큰 사랑과 도움을 입게 됩니다.
박필 교수의 《감사의 비밀》이라는 책에서
"감사를 말하지 않으면 감사는 시작되지도, 나타나지도,
전해지지도, 느껴지지도, 그리고 이루어지지도 않는다"라며
"감사는 말할 때 시작된다. 감사는 말할 때 나타난다.
감사는 말할 때 전해진다. 감사는 말할 때 느껴진다.
감사는 말할 때 이루어진다"고 했습니다.
사소한 감사도 말로, 글로, 소리로 말할 때
감사 세상이 될 것입니다.

 # 대기만성(大器晩成)

고속도로를 주행하다 보면 쏜살보다 더 빨리 달리는 차들이
있습니다. 끼어들기, 갓길 달리기, 추월하기 등등,
마치 자동차 경주를 방불케 합니다. 문제는 운전자입니다.
운전은 운전자의 성격과 연관이 있습니다.
성격대로 차를 몰기 마련입니다.
그런데 종점에 닿고 보면 4-5분 차이에 불과하다고 합니다.
과속 주행 사고로 도중에 내려서는 것보다
조금 느려도 목적지에 안착하는 것이 정도(正道)입니다.
본래 우리네 선조들의 삶은 빨리빨리, 새치기, 끼어들기,
그런게 아니었습니다.
대기만성(大器晩成)이 삶의 방정식이었습니다.
그러나 산업 사회와 정보 사회로 탈바꿈하면서 삶의 템포가
빨라지기 시작했습니다. 해외에 나가면 "빨리빨리"가
한국인의 닉네임이 되어 버렸습니다.
인생도 신앙도 서두를 일이 아닙니다.
거목은 백 년 넘어 자라고 대형 건물은
십 년 넘어 완공됩니다.
큰 그릇을 빚는 자세로 인생의 집을 지어 나갑시다.

축복

"만일 당신이 상대방을 모욕하면
당신도 모욕을 받게 될 것이다.
더욱 심각한 것은 그것 때문에 관계가 돌이킬 수 없이
악화될 것이다. 그러나 친절한 말이나 축복, 칭송을 베푼다면
분명히 그것을 되돌려 받을 것이며
인간관계는 더욱 돈독해질 것이다."
가정 사역자 롤프 가복이 쓴 책
《하루에 한번 자녀를 축복하라》 안에 실린 글입니다.
저자는 30년간 자녀들에게 축복하는 사역을
주도한 사람입니다.
부모가 보낸 축복은 대를 이어 자녀들의 삶 속에
흐르게 된다는 것입니다.
성경 안에도 자녀를 위한 부모의 축복이 등장합니다.
아브라함이 이삭을, 야곱이 자녀들을,
다윗이 솔로몬을 축복했습니다.
축복은 행복 언어이며 통로입니다.
그리고 흐르고 흘러 풀과 인생 나무를 살리는 물줄기입니다.
축복의 언어, 그것은 값 주고 살 수 없는 보석입니다.

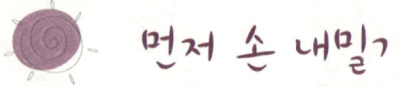 ## 먼저 손 내밀기

대서양을 횡단한 최초의 여성 파일럿
아멜리아 에어하트(Amelia Earhart)는
"평화를 얻기 위해서는 용기라는 대가를
치러야 한다"고 말했습니다.
《화해의 심리, 이별의 심리》를 저술한
로라 데이비스(Laura Davis)는
"오해와 상처, 분노 때문에 인간관계에 문제가 생겼다면
어느 한쪽이 먼저 나서는 용기를 내지 않고는
결코 회복될 수 없다"고 했습니다.
그렇습니다. 가족 관계의 회복은 먼저 다가서는
용기와 결단이 필요합니다.
에덴동산 최초의 가정은 책임을 떠넘기면서
와해되기 시작했습니다.
탓하고 떠넘기는 사탄의 전략에 휘말리면
가정은 깨지고 평화는 실종되기 마련입니다.
그러나 내 탓이라며 먼저 손 내밀 때
가족 공동체의 평화가 성립됩니다.
누가 먼저 손을 내밀어야 합니까?

 ## 형님 먼저, 아우 먼저

텔레비전 상품 광고 영상 카피였던 "형님 먼저, 아우 먼저"는
두 코미디언의 익살과 얽혀 시청자들 사이에
유행어로 번졌던 적이 있었습니다.
밤새워 형님네 살림을 걱정한 동생이 곡식 가마를 형님 댁에
옮겨다 놓았습니다. 그 다음날엔 동생네를 걱정한 형님이
밤새 곡식 가마를 동생네 집으로 옮겼습니다.
그러기를 여러 날……. 형제 우애를 위해 만든
이야기입니다만 고전을 들추는 기분입니다.
요즘 세태는 밤새워 형님네 창고를 뒤지고 금고를 부수고
주머니를 뒤져 가는 동생, 이를 보복하기 위해 백주에
흉기를 들고 동생네 가게를 터는 형님, 서로 네 탓이라며
법정 고발로 만신창이가 되어가는 형과 아우들……
요즘 우리네 모습입니다. 삭막하고 적막하고 막막하기
이를 데 없습니다. 부부, 형제, 이웃이 한통속이 되어
서로 '먼저'를 노래할 수 있다면, 그리고 우리에겐
싸움판 탈출의 용기와 살맛나는
세상을 일구는 사랑의 노래가 필요합니다.
"형님 먼저, 아우 먼저!"

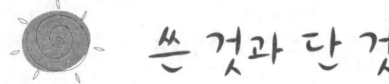 쓴 것과 단 것

쓴물과 단물이 있고, 쓴 약과 단 약이 있습니다.
인생도 양자가 공존합니다.
쓴 것은 삼키기가 어렵고 단것은 쉽습니다.
그래서 맛 속임으로 쓴약을 당의정으로 포장합니다.
문제는 단것일수록 몸에는 해롭다는 것입니다.
어느 원로 목사님은 한잔 커피에
네 숟갈씩 설탕을 넣어 마십니다.
그러면서 커피는 설탕 맛으로 먹는다고 말합니다.
그러나 당 반응에 민감한 사람은
당뇨 수치가 높아질 것입니다.
몸에 좋기로는 쓴 것을 당할 수 없습니다.
그런데 대부분의 사람들은 쓴 것보다 단것을 선호합니다.
세상사는 단것보다 쓴 것이 더 많습니다.
실패, 절망, 좌절, 질병 따위는 하나같이 쓴 나물들입니다.
그러나 참고 삼키노라면 면역과 내공이 쌓여 양약이 됩니다.
지금도 유대인들은 한 해 한 차례
쓴 나물 먹는 날을 지킵니다.
건강한 정신사의 둑을 지키기 위해서입니다.

꿈꾸는 사람

뉴패러다임교육원 강용일 원장의 글을 인용합니다.
"꿈은 불확실한 미래의 등불이자 운전수이다.
갈 길을 비쳐 주고 가야 할 방향으로
자신을 운전해 주기 때문이다.
밤하늘의 북극성처럼 우리 자신의 좌표가 된다.
당신은 어떤 꿈을 꾸고 있는가?
나는 꿈을 꾼다. 세월에 밀려 몸이 부서져 가도
내 본연의 모습을 잃지 않기 위해,
아니 오래도록 유지하기 위해
밤에도 낮에도 눈을 감고도 꿈을 꾼다."
대부분은 잠자리에서 꿈을 꿉니다.
그러나 가치 있는 꿈은 눈뜨고 꾸는 것들입니다.
그리고 최상의 가치 있는 꿈은 '예수 꿈' 입니다.
길몽(吉夢), 흉몽(凶夢), 춘몽(春夢), 태몽(胎夢) 등
꿈도 다양합니다만 그러나 눈을 감아도,
눈을 떠도 꾸어야 할 그 꿈은 예수 꿈입니다.
그래야 할 이유는 간단합니다.
최고의 가치, 최상의 의미가 그분에게 있기 때문입니다.

불평 뒤집기

두 아이가 포도를 먹고 있었습니다.
한 아이가 "포도 맛이 너무 좋다"고 하자,
다른 아이는 "씨가 너무 많다"고 했습니다.
꽃밭을 지나며 "저 장미꽃 너무 예쁘다"라고 하자,
다른 아이는 "가시만 잔뜩 있잖아"라고 대꾸했습니다.
병에 든 물을 마시며
"아직도 반이나 남았다"라고 하자,
다른 아이는 "내 거는 반이나 비었잖아"라며 투덜댔습니다.
동일한 상황 전개를 두고
두 아이의 반응은 너무나 상충적입니다.
문제는 재빨리 불평을 뒤집지 않으면
부정적 사고와 관습에 밀려 삶이 피폐해진다는 것입니다.
성공한 사람들, 목적을 이룬 사람들,
비전을 일군 사람들 모두가
불평을 감사로, 부정을 긍정으로 뒤집기한 사람들입니다.
생각을 바꾸면 앞이 보이고,
불평을 뒤집으면 행복이 다가서는
성공 철학을 수용하지 않으시렵니까?

 ## 고집과 소신

"고집이란 자기 의견을 내세우고 우기고 버티는 것,
소신이란 자기가 믿는 바를 내세우는 것."
사전적 의미입니다.
고집이 지나쳐 불통(不通)이 되는 날이면
전화 불통보다 더 답답해집니다.
고집을 소신과 혼동하는 사람들이 있습니다.
그런 사람들은 천상천하 유아독존인 양 구는가 하면,
모든 삶의 기준을 자신에게 둡니다.
그래서 나처럼 믿고 말하고 살아야 된다며
오만의 옷자락을 두른 채 살아갑니다.
그러나 소신껏 사는 사람들은
결코 수다스럽거나 경만스럽지 않습니다.
"한 개의 동전이 들어 있는 항아리는
요란한 소리를 내지만 동전이 가득 든
항아리는 소리가 나지 않는다"는
말이 있습니다.
빈 수레가 요란하다는 말과 뜻이 같습니다.
현명한 인생이라면 고집은 꺾고 소신을 택할 것입니다.

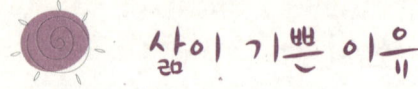
삶이 기쁜 이유

작곡가 하이든의 작품들은 대부분 밝고 경쾌합니다.
그리고 기쁨이 흐르고 있습니다. 그는 그 이유를
"그럴 수밖에 없다. 하나님께서 내 가슴을 뛰게 하시는데,
내 음악이 기쁨으로 뛰지 않을 수 있겠는가?
하나님이 내 펜을 움직이시는데,
내 펜이 기쁨으로 달려가지 않을 수 있겠는가?
하나님이 나를 사용하시는데,
나에게서 슬픈 음악이 나올 수 있겠는가?"
라고 설명했다고 합니다.
기쁨과 슬픔을 조건 안에서 찾으면
하루에도 수십 번 희비(喜悲)의 양극을 오가야 합니다.
기쁜 일보다 슬픈 일들이 더 많기 때문입니다.
그러나 기쁨의 원인을 하나님께 두면
삶이 기뻐질 수밖에 없습니다.
"주 안에서 기뻐하라"(빌 3:1)는 바울의 교훈도 거기에
뿌리가 있습니다.
기쁨과 슬픔은 믿음의 분량과 비례합니다.

조율

선교사 허드슨 테일러(1832-1905)는
"음악회가 끝난 뒤 피아노를 조율하는 일은 없다.
연주회 시작 전에 조율한다. 아침에 일어나
하루 일과를 시작하기 전
당신의 마음을 하나님의 뜻에 맞도록 조율하라"고 했습니다.
피아노 조율에는 기본음이 있습니다. 인생 조율에도
기본 틀이 있습니다.
그것은 곧 신앙입니다. 믿음 없는
사람들은 제멋대로 말하고 처신하지만,
신앙인은 결코 그럴 수 없습니다.
틀을 벗어날 수 없기 때문입니다.
위대한 조율사일수록 탁월한 청음력이 있어야 합니다.
그래야 정확한 조율을 할 수 있기 때문입니다.
우리네 삶을 곧고 바르게 조율하려면
소리 들음이 뛰어나야 합니다.
믿음은 들음에서, 들음은 그리스도의 말씀에서
나기 때문입니다. 조율된 삶은 말쑥하고 정갈하지만
조율 안 된 삶은 거칠기 짝이 없습니다.

 유구무언(有口無言)

소련 혁명가 트로츠키(Leon Trotsky)가 강제 수용소를 탈출,
뉴욕에서 4년간 기자 생활을 한 일이 있었습니다.
"내가 미국에 머무는 4년 동안
기독교가 인류를 구원하는 길이라고
떠드는 미국인들 중 단 한 명도
나에게 교회에 나가자고 권하거나
기독교 진리를 설명하는 사람이 없었다.
그것은 그들이 실제로는 기독교의 천국 사상을 믿지 않거나
자신이 없다는 증거이다"라고 비판했습니다.
그가 만났다는 사람들이 기독교인 전체를 대표하는
것은 아니지만 허(虛)를 찔린 느낌입니다.
하루 동안 남자는 2천 마디를,
여자는 6천 마디의 말을 한다고 합니다.
그러면서도 온종일 말하지 않는 주제,
말 못하는 화제는 어떤 것들입니까?
예수 이야기는 아닙니까?

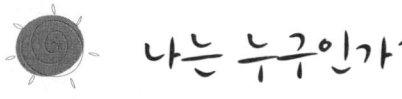

나는 누구인가?

" '당신은 누구입니까?' '나는 닐 앤더슨입니다.'
'아니오, 그것은 당신의 이름입니다.'
'당신은 누구입니까?' '아, 나는 신학교 교수입니다.'
'아니오, 그것은 당신의 직업입니다.'
'나는 미국 사람입니다.' '그것은 당신의 국적입니다.'
'나는 침례교인입니다.' '그것은 당신의 교파입니다.'
'나는 키가 173cm, 몸무게는 68kg입니다.'
그러나 그것도 나 자신일 수는 없다."
미국 탈봇 신학교 교수였던 닐 앤더슨이 쓴 글입니다.
명성, 직업, 인기, 소유,
그런 것들이 나 자신이 아니라는 것입니다.
독일의 신학자였던 본회퍼도 '나는 무엇인가?' 라며
존재론적 문제를 제기한 바 있습니다.
존재의 가치와 의미는 나를 나 되게 하신
하나님에게서 찾아야 합니다.
피조물, 구원받은 나, 그래서 그의 소유 된 백성일 때
나는 '내' 가 되는 것입니다.
그리고 그 누구도 '나' 를 건드릴 수 없는 것입니다.

사해

사해가 안고 있는 소금은 6조 750억 불어치,
산화칼슘, 염화나트륨, 칼슘, 마그네슘 등
그 매장량이 엄청납니다.
페인트 주원료인 브로마인은 전 세계 소비량의 26%,
진흙은 머드팩 등 화장품으로, 염수는 피부병 특효약으로,
거기다 온천수는 류머티즘, 관절염 치료에
탁월한 효능을 지니고 있다고 합니다.
클레오파트라도 사해 진흙을 퍼오게 한 후
머드팩을 즐겼다고 합니다.
사해! 쓸모 없는 바다는 아닙니다.
그러나 죽음의 바다입니다.
그 안에 생명이 존재하거나 부존할 수 없기 때문입니다.
잘나고 똑똑하고 가진 것 많고 일도 잘하는 사람,
그래서 여기저기 드나들고 명성을 날리는 사람,
성공과 출세로 부러움을 사는 사람,
그러나 그 속에 예수 생명이 없으면 사해입니다.
자동차도 달립니다. 그러나 생명체의 움직임은 아닙니다.
생명 없는 존재는 죽음의 바다일 뿐입니다.

세월

누구나 시계를 찹니다만 시계 값은 천차만별입니다.
언젠가 여행 중 공항 면세점에 진열된 시계 때문에 기절할
뻔한 일이 있었습니다.
우리 돈으로 1억이 넘는 시계였기 때문입니다.
다이아몬드로 꾸몄기 때문에 고가(高價)였습니다.
그러나 최고가의 시계는
하나님의 섭리와 뜻을 헤아리는 시계입니다.
그런 시계가 어디 있느냐고 묻지 마십시오.
그 시계는 해맑은 영성으로 보고
초침 소리를 들을 수 있습니다.
시간이 흐르듯 역사도, 인생도 갑니다.
시간이란 붙잡을 때 내 시간입니다.
흐르는 물을 담아야 전력 생산이 가능한 것과
같은 이치입니다.
허송세월! 이런 성어는 바보 사전의 머리말입니다.
가는 시간을 내 시간으로 잡은 사람들이
역사를 꾸몄고 이끌었습니다.
"세월을 아끼라"(엡 5:16; 골 4:5) 언제나 명언입니다.

명품

스트라디바리, 그는 17세기가 낳은 명장(名匠)입니다.
94세가 될 때까지 약 1,100여 점의 현악기를 만들었고,
현재까지 남아 있는 것은 650점 정도라고 합니다.
그중에 바이올린은 100여 점이고,
유명한 연주자들이 사용하는 것은 50여 점에
불과하다고 합니다.
명품은 명장이 만들어 명품입니다.
그리고 세월이 지날수록 더 높은 진가를 발휘합니다.
그때나 지금이나 스트라디바리는 다른 악기에 비해
음질이 다르다고 합니다.
명품 신드롬에 빠져 명품만을 좇는 사람들이 있습니다.
의상, 장신구, 생필품 등 명품이라야 직성이 풀립니다.
그런 사람들일수록 최고의 명품엔 관심이 없습니다.
그 명품을 홀대하는 것은 명장 불경죄입니다.
인간은 하나님의 걸작, 그리고 명품입니다.

# 생각하는 갈대

프랑스 수학자, 위대한 사상가,
서른아홉에 세상을 떠난 사람,
그는 《팡세》를 쓴 블레이즈 파스칼입니다. 그는 《팡세》에서
"인간은 모든 자연 중에 가장 약한 갈대에 불과하다.
그러나 인간은 생각하는 갈대다.
인간을 죽이기 위해 온 우주가 무장하고 나설 필요는 없다.
한 방울의 물만으로도 인간을
죽이기에는 충분하다"고 했습니다.
질병, 재난, 사고, 죽음 앞에 떠는 존재,
머리털 한 올의 이탈을 막지 못하는 존재,
자신의 감정과 언행을 통제하지 못하는 존재,
허약한 인간의 모습을 읊으려면 한도 끝도 없습니다.
그러나 인간의 가치는 생각하는 존재라는 것입니다.
그 생각의 발원지는 영혼입니다.
하나님을 떠난 영혼은 뿌리 뽑힌 나무마냥
서서히 메말라 죽고 맙니다.
생각하는 갈대, 날마다 누구를 무엇을 생각하십니까?

고진감래

쓴 것이 다하면 단것이 온다는
고사성어 고진감래(苦盡甘來)는
삶의 현장에서 속속 제 모습을 드러냅니다.
월트 디즈니는 젊은 날 가난 때문에 남의 집 창고에서
생활한 적이 있었습니다.
그때 생쥐 몇 마리가 드나들곤 했는데
생쥐에게 먹을 것을 나눠준 탓으로
가까운 거리에서 생쥐들을 관찰할 수 있었습니다.
거기서 디즈니는 세계적 걸작 만화
미키 마우스를 그려냈습니다.
고진(苦盡)이 낳은 창작이었습니다.
북경 하늘에 펄럭인 태극기 그리고 금메달도 그렇습니다.
꿈꾸다 갑자기 얻은 습득물이 아닙니다.
극기와 피나는 훈련, 고(苦)를 마다하지 않은 열매입니다.
금메달 뒤켠에 자리 잡은 고진감래의 세계를 보아야 합니다.
마지막에 웃는 자가 최후 승자라는 말이 떠오릅니다.

폭력

"폭력은 저절로 양산되지 않는다. 폭력은 거짓과 불가피한
관계를 맺는다. 폭력과 거짓은 자연스럽게 밀접한 관계를
형성한다. 폭력은 거짓으로 적당히 위장되고, 거짓은 폭력에
의해 유지된다. 폭력을 수단으로 삼는 사람은 누구나
거짓을 원리로 선택할 수밖에 없다."
"용기 있는 사람이 취할 수 있는 가장 간단한 행동은 거짓에
동조하지 않는 것이다. 거짓이 세상에 들어와 온 세상을
지배하더라도 나를 통해서는 그런 일이 없도록 하자."
소련의 저항 작가 솔제니친이 노벨상을 받던 날
수상 연설에서 한 말입니다.
그는 공산주의 사상과 체제에 저항한
세계적 지성이었습니다.
그는 공산주의가 저지른 폭력의 실상들을
말과 글로 고발한 것입니다.
그 사상에 젖은 사람들은 오늘도
거짓과 폭력으로 목적을 이루려 하고 있습니다.
거기에 동조하지 않는 것, 그 도구가 되지 않는 것,
그것만은 지켜야 합니다.

독수리 날개

독수리 새끼와 병아리를 함께 닭장 안에서 키웠습니다.
독수리 새끼는 2년이 지나도 날개 펼 생각을 접은 채
병아리 흉내만 내고 있었습니다.
닭장 문을 열어도 날아 오르려 하지 않았습니다.
어느 날 독수리를 지붕 위에 올려놓았습니다.
그러나 고개를 갸웃거리고 눈알만 굴릴 뿐 날지 않았습니다.
며칠 후 산꼭대기로 올라가 천길만길 낭떠러지 아래로
집어던졌습니다. 빠른 속도로 추락하던 독수리가
갑자기 날개를 펴더니 날기 시작했습니다.
푸른 창공으로 비상하던 독수리는 지평선 너머로
사라져 버렸습니다.
독수리의 삶 터는 닭장이 아닙니다. 닭장 안에 머물면
통닭구이감일 뿐입니다.
그러나 높고 넓은 하늘을 만나면 조류 왕이 되는 것입니다.
젊은이들은 닭장을 벗어나야 합니다.
산 넘고 바다 건너 오대양 육대주가 펼쳐져 있습니다.
비전의 날개를 펴고 날아가야 합니다.
우물 안 개구리, 닭장 안의 독수리가 되지 마십시오.

 ## 꼬부라진 가치관

"잎이 마르는 건 뿌리가 썩었기 때문이다.
물난리가 나고 이웃이 죽어도 나와 내 이웃들은 시큰둥이다.
우리의 정신이 썩었다. 시원하고
건강한 가치를 생각하지 못하고 있다.
유치원 아이들부터 사회의 모든 구성원들이
서로 눈치만 보며 마음이 좁아지고
생각이 꼬부라져 있다. 바위 틈새로 솟아나는
맑은 샘물 같은 시대정신이
국민들의 가슴을 적시지 못하고 있는
지금은 심각한 난세다."
당돌하고 좀 건방져 보이는 글을 쓴 이는
《공자가 죽어야 나라가 산다》의 저자 김경일입니다.
틀린 말이 아닙니다. 시대정신과 가치관은
실종 신고를 낸 지 오랩니다.
극단의 에고이즘과 집단 이기주의가 판을 치고 있습니다.
교회마저 덩달아 춤을 춘다면 기대도 희망도 없습니다.
꼬부라진 가치관의 쇠 막대를 펴는 책임이
누구에게 있다고 생각하십니까?

# 상상유감(想像遺憾)

제임스 낙스(James W. Knox)가 〈건강과 생명〉
9월호에 기고한 글. "성경에 상상(imagination)이라는 단어가
나오는 곳은 약 50구절이 된다.
그러나 대부분 나쁜 뜻으로 쓰여졌고
단 한 구절도 긍정적으로 사용된 적이 없다.
사실도 모르면서 괜히 누구누구가 자기에게
화가 나 있다든지 미워한다든지 라고 상상하는 것은
아무짝에도 소용없는 무익한 일들이다.
마귀는 우리가 쓸데없는 상상을 하도록 부추긴다.
상상이야말로 마귀와의 전쟁터이다."
때로 상상이 과학 발전에 동기를 부여한
경우들이 있습니다만
신앙에는 전혀 도움을 주지 못합니다.
믿음은 실상과 증거이기 때문입니다.
악하고 부정적인 상상은 황폐한 정신과
이지러진 상의 주범입니다.
무의미한 상상의 나래를 당장 접어야 하지 않겠습니까?

 # 골드미스 이야기

〈주간 조선〉 추석 특집호는 "한국의 결혼 시장"을 다루면서
'나는 몇 점짜리 신랑, 신부인가'를 부제로 달았습니다.
만점짜리 신랑, 신부는 직업, 연봉, 학력, 신장, 체중, 인상,
재산, 부모 직업, 혈액형, 취미, 종교 등 정한 기준에 맞는
사람이라야 한다는 것입니다.
그런데 이성의 조건을 가장 많이 따지는 사람이
있다고 합니다. 그는 경제적 능력이 뒷받침되며
자신의 라이프 스타일을 중요시 여기는
35세 이상의 미혼 여성, 바로 골드미스라는 것입니다.
결혼 정보 회사는 이들을 가장 깐깐한 고객으로
취급한다는 것입니다. 그런 부류의 사람들은
결혼 시장에서만 있는 것은 아닙니다. 어디나 있습니다.
그들은 자칭 골드일 뿐 남들은 골드 취급을
해주지 않는 데 문제가 있습니다.
그래서 올드미스보다 골드미스 다루기가 더 어렵다는
결혼 정보 회사의 푸념은 일리가 있습니다.
자신을 골드 크리스천인 양 처신하는 사람들도
다루기 힘든 사람들입니다.

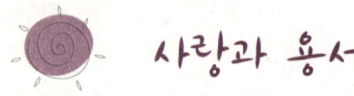 ## 사랑과 용서

오스 기니스(Os Guinness)는 세계적인 기독교 변증가, 강연가,
작가, 사회 비평가로 이름을 날린 사람입니다.
옥스퍼드 대학교에서 사회학 박사 학위를 받은 그는
20여 권의 명저를 남겼습니다.
그중에 하나 《고통 앞에 서다》라는 책에서
"피해자가 가해자를 진정으로 용서하지 않는 한
용서에 관한 모든 논의는 아무짝에도 쓸모가 없다.
인종과 종파 간의 갈등이나 국내 문제로 인한
여러 가지 대립 상황에 의해 서로를 증오하는 일이 너무 많다.
증오심을 버리지 않는 한 희생자와 가해자의 역할을
번갈아 맡을 수밖에 없다.
용서하는 사랑이야말로 원수를 친구로 변화시킬 수 있는
유일한 힘이다"라고 했습니다.
증오는 증오를 낳고, 적은 또 다른 적을 만듭니다.
한(恨)은 더 큰 한을 키우고, 폭력은 폭력을 양산합니다.
그러나 사랑과 용서는 암벽을 뚫고 빙산을 녹입니다.
십자가가 그 증빙입니다.

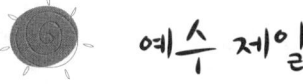 예수 제일

토스카니니는 베토벤 해석의 최고 권위자였습니다.
어느 날 그의 지휘로 베토벤 교향곡 제9번 연주가 끝나자
우레 같은 박수가 터졌습니다. 단원 한 사람이
곁의 사람에게 속삭였습니다.
"오늘 연주는 최고였어. 하지만 저 영감쟁이는
오늘도 우리를 칭찬하지 않을 거야."
평소 토스카니니는 단원들에게 폭군처럼 굴었기 때문입니다.
그날 토스카니니는 단원들에게 이렇게 말했습니다.
"내가 누구냐? 토스카니니가 누구냐? 여러분은 누구냐?
나도 여러분도 아무것도 아니다. 베토벤이 최고다."
그는 베토벤을 높이는 베토벤의 사람이었습니다.
언제 어디서나 예수를 높이고 말하는 사람,
예수 만난 사건을 주저하지 않는 사람,
예수 제일을 삶으로 드러내는 사람,
그들이 예수의 사람들입니다.

 ## 너희들이 앞섰구나

형과 아우, 혈육이지만 경쟁 상대입니다.
형이 아우만 못하다느니, 아우가 형만 못하다면
둘 다 안색이 변합니다.
그러나 아들이 아버지보다 백배 낫다면 둘 다 흐뭇해 합니다.
부자와 형제의 다름입니다.
펀드 전문 세계에서는 40대 초반이면 은퇴할 나이랍니다.
물 불 안 가리고 전략적 투자를 서슴지 않는 사람들은
대부분 30대 전후 세대랍니다.
그래서 그네들은 흥하기도 망하기도 잘합니다.
미국 이민 가정의 경우 영어를 제일 잘하는 순위는 막내,
둘째, 첫째, 어머니, 그리고 아버지순입니다.
어릴수록 언어 감각과 발달 능력이 뛰어나기 때문입니다.
불꽃 튀는 판단력, 노도 같은 추진력은 그네들의 장점이고,
서툴고 조급하고 참지 못하는 것은 약점입니다.
사고의 틀을 깨고 방향을 빠르게 바꾸는 것도 그네들입니다.
그들은 우리 시대의 꿈이며 미래입니다.
장하다, 너희들이 앞섰구나.

# 낚시 이야기

낚시꾼의 푸념. 옛날 물고기는 새로운 미끼나
감칠맛 나는 미끼를 던지면 덥석 물었는데
요즘 물고기는 이력이 붙어
제아무리 그럴싸한 미끼를 던져도 물지 않는답니다.
물고 안 물고는 물고기 마음이지 미끼 때문이 아니랍니다.
그래서 낚시꾼은 낚시를 던질 때마다 고기한테 빈답니다.
"제발 물어다오. 체면 좀 세워다오."
이 이야기는 익살꾼이 들려준 것입니다만
많은 생각을 자아냅니다.
세상살이, 인생살이가 예전처럼 쉽지 않습니다.
까다롭고 복잡해졌습니다.
사람들의 심성과 삶의 방식도 겨울 날씨마냥
변덕스러워졌습니다.
그래서 사람 다루기가 버거워졌습니다.
"뱀같이 지혜롭고 비둘기같이 순결하라"(마 10:16)는
말씀이 떠오릅니다.
사람 낚는 어부가 되려면 그래야 하기 때문입니다.

사고 전환

만날 우는 어머니가 있었습니다.
이유는 나막신과 짚신을 만들어 파는 두 아들 때문입니다.
해가 뜨면 나막신이 안 팔리고,
비가 오면 짚신이 안 팔리기 때문입니다.
보다 못한 이웃이 거들었습니다.
"비가 오면 나막신이 잘 팔리고, 해가 뜨면 짚신이
잘 팔리는데, 왜 울고 삽니까?" 옛날 얘기 한 토막입니다.
인간사란 웃을 수도 울 수도 있는
양대 개연성을 가지고 있습니다.
어느 방향으로 사고의 틀을 전환하느냐에 따라 울 수도 웃을
수도 있습니다. 칠흑처럼 어둔 밤하늘에 별은 빛나고, 파도
치는 바닷속에 파도가 없고, 구름 덮인 그 너머 하늘에
태양이 빛나고……, 이런 얘기는 널려 있습니다.
생각의 틀을 바꾸면 미래가 보입니다.
최악의 절망 속에도 감사 조건은 있기 마련입니다.
다만 그것을 보지 못하기 때문에 울고불고
그러다가 종지부를 찍게 됩니다.
하지만 아직 끝점을 찍을 때는 아닙니다.

 # 너도 늙어 봐라

〈주간 매경〉 윤영걸 국장의 칼럼 끝부분입니다.
"세상의 모든 것은 끝나갈 때가 아름답다. 낙조는 일출보다,
가을은 봄보다 아름답다. 하지만 황혼의 삶은 그렇지 않다.
자칫 가시밭길이 되기 십상이다. 장수 시대란, 한마디로
인생 3분의 1 가까이를 노인으로 지내야 한다는 뜻이다.
인간은 누구나 노인이 될 운명을 피할 수 없다. 노인들이
젊은이의 등 뒤에서 마음속으로 가장 많이 하는 욕이
'이놈아, 너도 늙어봐라' 라고 한다."
고령화 장수 시대는 생각보다 많은, 외롭고 병들고 가난한
노인들을 양산했습니다. 노인은 앉을 자리도
설자리도 없습니다. 국가도 사회도 외면한 외곽 지대
사람들입니다. 노인 복지 운운하지만 따스한 햇빛은
아직 먼 데 있을 뿐입니다. 겨울이 다가섭니다.
노인의 겨울은 더 을씨년스럽고 춥습니다.
따뜻한 손을 펴 노인의 찬 손을 만져 드립시다.
우리 모두 머잖아 노인이 될 테니까요.
너도 늙어봐라!

나누는 삶

러시아에서 이민 온 밀튼 페트리는
전당포 집 아들이었습니다.
여성 의류 체인점으로 돈을 번 사람입니다.
〈뉴욕 타임스〉는 "그는 매일 신문 기사를 읽다가 너무 힘겨운 인생을 사는 사람들의 이야기를 찾아 수표를 끊어 보냈다"고 예찬했습니다. 92세에 세상을 떠났지만 451명이
그가 남긴 유산 8억 달러의 혜택을 입었습니다.
일상적 가치관은 "나 벌고, 나 먹고, 나 쓰고, 그리고
물려주고"입니다. 그러나 기독교 가치관은 "나 벌고,
나 아끼고, 널 위해 쓰고"입니다. 오갈 데 없는 사람들, 먹고 입고 잘 곳 없는 사람들, 그래서 그 해 겨울이 모질게 추운 사람들, 그네들이 우리 주변엔 너무나 많습니다. 전당포, 의류 체인점, 구멍가게, 회사, 기업, 삯바느질 상관없습니다.
오늘을 감사하며 사랑의 열 손가락을 폅시다.
나눌 수 있는 것들을 나눕시다.
그리고 "그 해 겨울 우리 모두는 행복했네"라고
일기장에 씁시다.

 # 섬김

나이팅게일은 크리미아 전쟁이 한창일 때
34명의 간호사와 함께 전선을 누비며
부상병을 돌보았습니다.
그녀의 헌신과 섬김 탓으로 전선의 병사들은 나이팅게일을
'광명 부인'(The lady with lamp)이라는 애칭으로 불렀습니다.
기자들의 사진 촬영 요청이 있을 때마다 정중히 거절했고,
오로지 그리스도만 드러나는 것을 바랐습니다.
그녀의 또 다른 이름, '백의의 천사'입니다.
따뜻한 손길을 기다리는 사람들,
그냥 지나쳐선 안 될 사람들,
모르는 채 눈을 감을 수 없는 사람들,
상처로 아파하는 사람들,
그들은 흰옷 입은 나이팅게일을 원합니다.
전철 안에서 손잡이에 매달려 흔들리는 노인,
지그시 눈을 감고 잠든 척 앉아 있는 젊은이,
그건 꼴불견이었습니다.
불안한 풍요보다는 행복한 가난을,
환대보다는 섬김을 선택합시다.

선물

러시아의 소설가 투르게네프(Ivan S. Turgenev)가
길거리에서 구걸하는 거지를 만났습니다.
하지만 그에게 줄 만한 돈이 없었습니다.
거지는 그를 바라보며 돈 주기를 기다리고 있었습니다.
그때 그는 덥석 거지의 더럽고 찬 손을 잡았습니다.
거지의 손은 떨리고 있었습니다.
"형제여, 미안하오. 가진 것이 없어 줄 수가 없구려."
거지는 충혈된 눈으로 그를 바라보더니
미소를 지으며 말했습니다.
"나를 형제라고 부른 그 말,
그리고 당신의 그 손이 큰 선물이었습니다."
추위로 꽁꽁 언 그대의 찬 손을 잡아 주는 것,
그리고 따뜻한 격려와 위로의 말 한마디,
고상하고 값진 선물입니다.
위기를 살아가는 현대인에게 위로는 힘이 되고
격려는 비상의 날개를 달아 줍니다.
선물이란 받을수록 기분 좋은 사건입니다만
나누고 베푸는 삶엔 비교할 수 없습니다.

동행

"만일 하나님이 당신의 찬송가 속에만 계시고
당신의 일터에는 계시지 않는다면
당신의 믿음은 잘못된 것이다.
만일 당신이 자주 드나드는 곳,
오락을 위해 가는 장소에
하나님을 모시고 갈 수 없다면
당신이 즐기는 오락에 잘못이 있다.
우리에게 필요한 것은 매일 평범한 삶 속에 거하시는
하나님을 믿는 것이다."
피터 마셜의 말입니다.
우리가 현존하시는 하나님을 믿는다면
삶의 궤도 이탈도, 절망의 나락에로의
추락도 없을 것입니다.
믿으면서 절망하는 것, 기도하면서 한숨 쉬는 것은
하나님의 현존과 내 믿음이 멀리 있기 때문입니다.
언제 어느 곳도 하나님과 동행하는 삶이라면
지구의 종말이 와도 근심할 필요가 없습니다.

더 높은 곳

"에베레스트의 높이는 8,839m다.
그러나 7,800m 정도에 이르면 죽음의 지역이 나온다.
고도가 너무 높아 인간이 살 수 없는 곳이다.
산소 농도가 너무 희박해서 몸이 적응을 하지 못한다.
그래서 그 죽음의 지역에 너무 오래
머물면 죽을 수도 있다."
미국의 현역 커뮤니케이터인 케리 부부가 쓴
《내 생애 마지막 한 달》 안에 실린 글입니다.
등산가의 꿈은 더 높이 오르는 것입니다.
'더 높이, 더 멀리'는 인간의 무한한 욕망이기도 합니다.
그리고 그 욕망의 달성을 위해 목숨을 겁니다.
그러나 높은 산도 하늘 아래 뫼이고,
깊은 바다도 바닥이 있고,
둥근 지구도 돌다 보면 끝점에 다다릅니다.
더 높은 곳, 거기는 영원입니다.
우린 그곳에 깃발을 꽂아야 합니다.

낮춤

자기 낮춤, 결코 쉽지 않습니다.
높은 자리 그곳엔 돈, 권력, 영광이
밥상마냥 차려 있습니다.
사람들은 그것들 때문에 불나방처럼 앞뒤 가리지 않고
그곳으로 돌진합니다.
선발대가 거기 뛰어들다가 불타고 화상 입은
꼴을 지켜보면서도 전혀 개의치 않습니다.
그것들은 지독한 환각력을 갖기 때문입니다.
그러나 예수 그리스도는 보좌를 비우고
자신을 낮추셨습니다.
그리고 더 낮은 자리에 머물며 버려진 사람들과
생명을 나누셨습니다.
다른 성현도 그랬다고요? 아닙니다.
그들은 삶은 나눌 순 있었지만 생명을 나누진 못했습니다.
성탄절은 나눔과 낮춤의 계절입니다.
마음도, 눈높이도, 그리고 자세도 낮춰야 합니다.
하찮은 이유로 너무나 높은 자리에 올라 있는 사람들은
높을수록 낙하 충격이 크다는 물리 법칙을 되새겨야 합니다.

두려움

"의사는 실수로 살을 베었어도 두려워하지 않는다.
아픔을 느끼긴 해도 그 상처 때문에 겁먹지는 않는다.
인간의 몸이 어떻게 이루어져 있고
어떻게 작용하는지 알고 있기 때문이다.
그래서 어떻게 대처해야 하는지 안다.
상황을 파악하지 못하고 대처 방법을 모를 때
사람들은 두려워한다."
치유 사역자인 에릭 홀저펄이 《너는 치유받았느니라》는
책에 쓴 글입니다. 두려움은 무지와 불신에서 돋아납니다.
성경은 거듭 "두려워 말라. 겁내지 말라.
안심하라"고 강조합니다.
하나님이 함께하시기 때문이라는 것이 그 이유입니다.
우리를 에워싼 잡다한 부정적인
상황이 우리를 겁나게 하고 있습니다.
그러나 우리를 위해 이 땅에 오신
그리스도를 믿고 의지한다면
그다지 겁낼 일이 아닙니다.
믿음은 두려움을 이기고 남기 때문입니다.

마침표

악보엔 쉼표가, 문장엔 마침표가 있습니다.
쉼표는 다음 악장으로 넘어가기 전
잠깐 숨 고르기를 위한 것이고,
마침표는 문장의 단락이 끝났음을 알리는 점 찍기입니다.
그렇다고 시도 때도 없이 노래를 멈추고
아무 데나 점을 찍는다면 노래도 글도 되지 않습니다.
삶에도 쉼표가 있습니다. 힘겹고 가파를 때면
숨 고르기가 필요합니다.
잠깐이라도 멈추고 쉬는 것이 좋습니다.
그러나 장기간 쉬는 것은 실업이고,
더 길게 쉬는 것은 죽음입니다.
우리는 한 해를 마무리하는 마침표 시점에 서 있습니다.
그리고 새날이 밝으면 새 이야기들을 써야 합니다.
못다 한 이야기 서두에 마침표를 찍는 것은 아닌지,
하잘것없는 낙서 끝에 마침표를 찍는 것은 아닌지,
점을 찍기 전 되돌아보아야 합니다.
멋진 마침표를 위하여!

제5부
인생 후반전

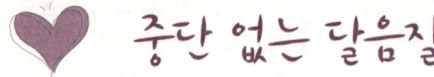
중단 없는 달음질

1968년 10월 20일 멕시코시티 올림픽 스타디움을
꼴찌로 들어서는 마라톤 선수가 있었습니다.
그는 탄자니아 대표 마라토너 아크와리였습니다.
그는 마라톤 경기 중 넘어져
무릎이 깨지는 부상을 입었지만 포기하지 않고
26마일 385야드를 걷고 뛰어 스타디움에 들어섰습니다.
피투성이로 들어서는 그를 관중들은
환호와 기립박수로 격려했습니다.
기자가 물었습니다.
"어차피 입상도 못할 상황인데 왜 기권하지 않았는가?"
그의 대답은 간단했습니다.
"가장 불명예스러운 것은 중간에 포기하는 것입니다.
포기는 나 자신에게는 물론 나를 7천 마일이나 되는
이곳까지 보내준 조국에도 불명예가 됩니다."
우리는 2009년 대장정을 시작합니다.
온갖 상황이 전개될 것입니다.
그러나 포기하지 맙시다. 주저앉지 맙시다. 계속 전진합시다.
푯대이신 주님을 바라보며!

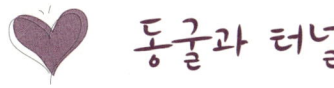 동굴과 터널

동굴은 자연 현상으로 빚어진 것이고,
터널은 필요에 의해 만든 것입니다.
동굴은 지층의 변화에 의해 뚫린 넓고 깊은 굴을 말하고,
터널은 지하도, 갱도 등 손이나 기계로 만든 굴을 의미합니다.
대부분 동굴은 막혀 있고, 터널은 뚫려 있어서 통과가
가능합니다. 동굴은 끝벽을 만나면 되돌아 나와야 하고,
터널은 출구를 향해 전진하다 보면 밖으로 나가게 됩니다.
우리 시대의 암울한 상황 역시 관점에 따라
동굴일 수도 있고 터널일 수도 있습니다.
동굴로 보면 희망이 없습니다. 그러나 터널로 보면
광명 천지를 향해 나가는 통로가 됩니다.
우리는 지금 터널을 통과하고 있습니다.
빛이 어둡고 통풍이 안 되더라도 조금만 더 걷다 보면
출구를 만나게 됩니다. 고속도로나 열차 여행을 하노라면
수많은 터널을 지나게 됩니다.
그리고 그 터널은 잠깐일 뿐입니다.
목적지에 이르려면 터널 통과는 당연한 것,
우리 시대의 이 터널은 금방 끝날 것입니다.

 말하라

"수년 전 시카고 대학은 마셜필드 백화점 소유주인
필드 여사로부터 기부금 100만 달러를 받았다."
노스웨스턴 대학의 담당자들은 신문에 난 그 기사를 읽고
큰 충격을 받았다.
그녀는 노스웨스턴 대학이 있는 일리노이 주
에반스톤에 살고 있었기 때문이다.
게다가 과거에 웨스턴 대학을 지원하기까지 했다.
그녀는 왜 웨스턴 대학에 기부를 하지 않았을까?
웨스턴 대학에서 필드 여사에게 전화를 걸어 그 이유를
물었을 때, 그녀는 짧게 대답했다. "시카고 대학에서 기부를
부탁했어요. 당신들은 아무 얘기도 안 했잖아요."
베스트셀러 작가인 잭 캔필드의 글을 인용했습니다.
'주겠거니' 생각하고 입을 열지 않으면 받지 못합니다.
'알아서 해주겠거니' 라며 잠자코 있으면 일이 안 됩니다.
보채고 조르고 말해야 돕는 손길이 다가섭니다.
"네 입을 넓게 열라 내가 채우리라"(시 81:10).

은혜

도널드 매컬로우가 쓴 《광야를 지나는 법》이라는
책 155쪽에 실린 글의 일부분을 인용합니다.
"은혜란 마치 레슬링 경기에서 고전하고 있을 때
심판이 호루라기를 불어 경기 종료를 알리는 것과 같다.
그러고서 심판은 우리가 이겼다는 판정을 내리고 가서
샤워나 하라고 말한다. 씨름도 끝났고, 자존감을 살리겠다고
진땀 흘리던 것도 끝났고,
다른 사람을 이기겠다고 경쟁심에 불타던 것도 끝났다.
은혜란 하나님이 우리 편이기 때문에
우리가 경기를 어떻게 하든 상관없이
우리가 승리자라는 뜻이다.
이제 집에 가서 축배를 들면 된다."
그렇습니다. 넘어져도 일어서고, 져도 이기고,
잃어도 찾고, 병들어도 고치고,
망해도 흥하고, 죽어도 다시 사는 것,
거기가 은혜의 현장입니다.
하나님은 상황 반전의 대가이시기 때문입니다.
언제나 은혜는 멋지고 값진 것입니다.

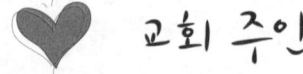
교회 주인

언제부턴가 한국 교회 안에
이상한 바람이 불기 시작했습니다.
그 바람은 훈풍도 미풍도 아닙니다.
누가 주인이냐, 누가 어른이냐를 따지고
겨루는 탁풍(濁風)입니다.
'내가 주인이다' 라고 소리 치는 사람들은
"내가 세웠다. 내가 땅 팔고 집 팔아 돈을 댔다.
내가 오랫동안 지켰다. 내가 선임이다"라는
이유를 내세웁니다.
그러나 그것은 교회를 모르는 사람들의 오만입니다.
교회는 주님이 세우셨고 지키시고 다스리십니다.
종이 주인을 내쫓고 그 자리에 앉겠다면
그건 반역이고 불경입니다.
그 누구도 주인도 어른도 아닙니다.
주님은 그런 발상 자체를 기뻐하시지도
수용하시지도 않습니다.
어제도 오늘도 그리고 영원히 교회 주인은
오직 주님이십니다.

《빙점》에 얽힌 사연

《빙점》은 미우라 아야코의 작품입니다.
그녀는 생계 유지를 위해 자그마한 가게를 운영하는
평범한 주부였습니다.
친절한 가게로 소문이 나자
사람들이 몰려들기 시작했습니다.
문제는 같은 동네 다른 가게들의 매상이
떨어지는 것이었습니다.
고민하던 그녀는 어느 날부턴가 가게 물건을
줄이기 시작했습니다.
그리고 손님들이 가게에 없는 물건을 찾으면
"건넛집 가게로 가보라"며 공존의 법칙을
실천하기 시작했습니다.
그 탓으로 매상은 줄었지만 기쁨과 마음의 여유는
수십 배로 불어났습니다.
거기서 얻은 여유로움으로 쓴 작품이
베스트셀러 《빙점》입니다.
우리 함께 제2의 《빙점》을 쓰지 않으시렵니까?

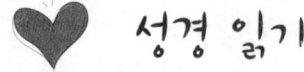 **성경 읽기**

"임신을 계획하는 부부에게 꼭 함께 교제해야 할
가장 좋은 방법으로 성경 통독을 추천한다.
요즘 부부들은 아주 바쁘다. 그러나 나는 그 바쁜 와중에도
꼭 성경을 읽으라고 권하고 싶다.
계획 임신에서 출산까지의 시간은 1년 정도 된다.
구약은 929장, 신약은 260장으로 총 1,189장인데,
하루에 3장씩 읽고 주일에 5장 읽으면 계획 임신에서
아기가 태어날 때쯤이면 1년 안에 성경 일독이 끝난다.
아기가 태어났을 때 '아가야, 엄마와 아빠는 성경을 읽으며
네가 태어나기를 기다리고 기도했단다' 라고 한다면
얼마나 멋있는가?"
《성령 태교》를 쓴 산부인과 원장 김동규 박사의 글입니다.
먹지 않고 사는 길은 없습니다.
영혼도 굶고 사는 법은 없습니다.
성경은 영혼의 양식입니다.
그날 양식은 그날 먹는 것이 건강 유지의 비결입니다.
굶어 죽기보다는 사는 길을 선택하는 것이
현자의 선택입니다.

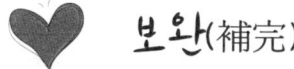 보완(補完)

"많은 여자들은 오랫동안 결혼에 대한 꿈을 꾸다가
드디어 한 남자를 만난다. 단란한 가정을 꾸릴 것 같은
꽤 괜찮은 남자다. 그러나 그 남자의 단점이 못 견딜
지경이고 자기보다 일만 더 좋아하는 사람이라면
어떻게 하겠는가? 남자들 역시 결혼에 대한 꿈을 꾼다.
그러다 사랑하는 여자를 만나 그녀와 사랑에 빠진다.
사랑의 열정에 사로잡혀 이성적인 경고는 무시해 버리고
감정의 흐름에 자신을 맡겨 버린다. 그러나 몇 년이 지난 후
자신 곁에 누워 있는 여인이 더 이상 눈부시지 않다는
사실을 발견했을 때 어떻게 할 것인가?"
샌프란시스코신학교 총장을 역임한
도널드 매컬로우 박사가 쓴
《광야를 지나는 법》안에 실린 글입니다.
결혼은 꿈이 아닙니다. 현실입니다.
그리고 이성적 판단과 접근으로 성사되어야 합니다.
서로를 알아갈수록 보완할 것들이 많아지고
메워야 할 웅덩이가 많아집니다.
결혼의 성공 조건은 절묘한 보완, 바로 그것입니다.

 편지

사춘기에 접어든 딸이 있었습니다. 아침마다 말없이 집을 나서는가 하면, 학교에서 돌아온 후에도 말이 없기는 마찬가지입니다. 엄마가 뭔가를 묻고 말을 걸면 "아니", "몰라", "싫어"로 대꾸합니다. 속이 터진 엄마가 "너 왜 그러니? 너 벙어리야? 왜 말을 안 해?"라고 따지면 "다 귀찮단 말이야. 말하기 싫다는데 왜 그래?"라며 문짝이 부서져라 닫고 제 방으로 들어가 버립니다. 남들은 딸과 대화를 시도해 보라지만 대화는커녕 틈새도 보이질 않습니다. 저는 고민하는 그 아이 엄마에게 편지를 쓰라고 권했습니다. "사랑하는 딸에게! 지난밤은 잘 잤니? 요즘 너 많이 힘들어 하는 거 엄마가 잘 알고 있단다. 귀찮게 해 미안하구나"로 시작되는 연애편지를 쓴 뒤, 예쁜 꽃봉투에 넣어 잠든 딸의 책상 위에 올려놓기 시작했습니다. 그리고 어느 날 편지 끝에 "엄마는 네 답장 한번 받아보는 게 소원이야. 엄마 소원 좀 풀어 주렴. 사랑하는 엄마가"라고 썼습니다. 사흘 뒤 딸이 놓고 간 예쁜 꽃봉투가 책상 위에 있었습니다. 엄마는 편지를 읽으며 한없이 울었습니다. 그날 밤 엄마와 딸은 껴안고 실컷 울었습니다. 그리고 함께 기도했습니다.

 잔소리

인간은 언어로 감정과 의사를 전달합니다.
그러나 잔소리는 오히려 의사 전달을 방해할 때가 많습니다.
그렇다고 고상한 언어만을 구사해야 된다는 것은 아닙니다.
조엘 오스틴은 《긍정의 힘》이라는 자신의 글 안에서
"좋은 말을 한다는 것은 상대에게 반박하지 말라는 뜻도,
상대의 잘못을 지적하고 고쳐줘야 한다는 뜻도 아니다.
긍정적인 말을 하라는 뜻이다.
어떤 엄마가 십대 아들을 키우며 쉴 새 없이 잔소리를 했다.
'넌 왜 그렇게 게으르니? 그래서 뭐에 쓰겠어?
열심히 공부하지 않으면 대학에 갈 수 없어.
그러면 나중에 땅을 치며 후회하게 될 거야. 알겠어?'
아무리 의도가 좋아도 이런 잔소리는 우리가 상상하는
것보다 훨씬 빨리 상대방을 망가뜨린다"고 했습니다.
대부분 잔소리는 습관성이거나 조급성에 기인합니다.
잔소리는 설득력도 파장도 미미합니다.
부정적 면역력을 키울 뿐입니다.
그리고 잔소리한다고 핀잔 주는 것도 잔소리입니다.

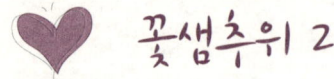 꽃샘추위 2

겨울 가는 소리는 시끌벅적합니다.
떠나기가 서러운 양 저 멀리 떠났다가 되돌아와
갓 핀 새순이며 꽃잎들을 한바탕 할퀴고 떠납니다.
꽃샘추위는 봄이 봄을 시샘하는 게 아니고
맥 빠진 겨울 심술입니다. 봄이 오는 소리는 조용합니다.
어느새 성큼 다가와 동토를 풀고 꽃망울을 터트립니다.
새싹 움트는 소리, 가랑비 소리, 개울물 흐르는 소리
그래서 봄이 오는 소리는 눈으로 보고 귀로 듣고
가슴으로 만납니다. 우리네 삶의 현장, 거기도 꽃샘추위가
있게 마련입니다. 그렇지만 봄기운을 이겨 내진 못합니다.
아쉬운 듯 몸부림치다 멀리 달아나 버립니다.
톨스토이가 명저《부활》에 남긴 봄 이야기가 떠오릅니다.
"봄기운이 잔설을 녹이고 녹는 잔설로 하얀 안개는 사방에
가득 차 있었다. 집 앞 개울에서는
얼음 갈라지는 소리들이 들려오고 있었다."
영원한 꽃샘추위란 없습니다.
얼음 깨지는 소리가 금방 들려올 것입니다.

 욕망의 덫

"욕망을 버린다는 것은 참으로 어려운 일입니다.
문제는 욕망 그 자체가 아닙니다.
넘치는 욕망은 인간을 고양시키는 데 필요한 것이며
그것이 있음으로 인류는 문명을 발전시킬 수 있었습니다.
문제는 그 욕망의 노예가 되는 것입니다.
현대 문명은 인간의 욕망을 끝없이 부추깁니다.
아무 생각 없이 그 속에 빠져들면 욕망은 새로운 욕망을 낳고
아무리 해도 만족할 수 없는
무간지옥(無間地獄)으로 떨어지고 맙니다."
화제의 물 연구가 에모토 마사루의 글 한 토막입니다.
욕망의 사슬은 끝 닿는 데가 없습니다. 권력, 돈, 명예,
성공을 미끼 삼아 마수를 폅니다.
그 덫에 걸리면 누구도 헤어나지 못합니다.
이유는 괴상한 마력 때문이고
사탄이 조종간을 잡고 있기 때문입니다.
그러나 살아남으려면 벗어나야 합니다.
벗어나려면 언제 터질지 모르는 욕망의 지뢰밭을 벗어나
하나님의 진지로 거처를 옮겨야 합니다.

건강 관리

노먼 빈센트 필이 쓴 《적극적 사고의 힘》 안에 실린 건강
관리법. ① 당신이 건강하다는 확신을 가지라.
② 건강한 자신의 모습을 마음속에 계속 담아두라.
③ 항상 감사하라.
④ 최선을 다하여 부정적인 생각에서 벗어나도록 노력하라.
⑤ 허약하게 만드는 요소는 전혀 받아들이지 말라.
⑥ 몸무게를 줄이라.
⑦ 매일 규칙적으로 운동하는 습관을 가지라.
⑧ 정기적으로 검진을 받으라.
⑨ 당신의 삶을 하나님을 향해 활짝 열어두라.
어느 것 하나 버릴 것 없는 건강 관리 비법입니다만
실천하기는 쉽지 않습니다. 자신의 노력과 의지로
건강 관리가 가능합니다.
그러나 하나님과의 관계에 균열이 가면
건강은 유지 보수가 어렵게 됩니다.
플라톤은 "영혼을 치료하지 않은 채 육체를 치료하려고
애쓰는 것은 소용이 없다"고 했습니다.
최상의 건강 관리는 영혼을 돌보는 것입니다.

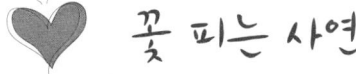 # 꽃 피는 사연

조화(造花)는 꽃이 아닙니다.
꽃인 듯하지만 향(香)도 동(動)도 없습니다.
생명이 없기 때문입니다.
하지만 동토(凍土)를 비집고 올라와 의연한 자태를
뽐내는가 하면, 추위도 비바람도 아랑곳없이 화알짝 피는 꽃,
그 안엔 생명이 있습니다.
찬겨울 내내 짓밟혀도, 물 한 방울 건넨 이 없어도 핍니다.
죽은 듯 다시 피고, 소진한 듯 다시 머리 드는 그 사연 뒤엔
생명의 힘이 버티고 있습니다.
우리 안에 머무는 생명의 힘은 그것과 비길 수 없습니다.
죽어도 다시 사는 부활 생명이기 때문입니다.
그 누구도, 어떤 것도 부활 생명을 이길 순 없습니다.
죽어도 살고 영원히 더 살기 때문입니다.

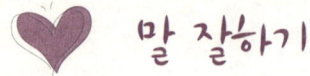 말 잘하기

"한마디 말이 사람을 죽이기도 하고 살리기도 합니다.
한마디 말이 남의 가슴에 못으로 박혀
평생 상처가 되기도 하고, 한마디 말에 상처 받아
평생 마음의 장애를 지니고
살기도 합니다. 악담, 악평, 악플 따위가 사람을 죽음으로
몰고 가는 걸 우리는 숱하게 지켜보았습니다."
"반대로 좋은 말 한마디는 사람의 인생을 바꿀 수 있습니다.
좋은 말에는 깊은 감화력이 있어 상대방의 심신에
직접적인 영향을 미칩니다. 좋은 말의 파장은 음악처럼,
향기처럼 멀리 퍼져 나가고 오래 지속됩니다."
"내 입에서 나가는 말은 인생의 씨앗이 됩니다.
말이 씨가 되어 좋은 결실을 보기도 하고
나쁜 결실을 보기도 합니다." 작가 박상우의
"말은 인생의 씨앗"이라는 글 중의 일부입니다.
흉터는 재생이 가능하지만 말 때문에 받은 상처는 쉽게
치유되지 않습니다. 말 한마디로 천 냥 빚을 갚은 사람도
있고, 한마디 실언 때문에 삶을 망친 사람도 있습니다.
말은 잘하면 금언이 되고, 잘못하면 망언이 됩니다.

인생 후반전

롱펠로우는 19세기가 낳은 시인입니다. 그러나 그의
젊은 아내는 중병을 앓다가 죽었고, 재혼한 아내 역시
화상으로 세상을 떠났습니다. 그가 75세 되던 어느 날
기자가 물었습니다. "선생님은 두 아내와의 사별 그리고
숱한 고난을 겪었는데도 어떻게 그토록 아름다운
시들을 쓸 수가 있었습니까?"
롱펠로우는 뜰에 서 있는 사과나무를 가리키며
"저 나무가 나의 스승이었습니다.
저 사과나무는 늙은 나무입니다.
그래도 해마다 꽃이 피고 사과가 열립니다.
해마다 새 가지가 나오기 때문입니다"라고
대답했다고 합니다. 해마다 새 가지가 돋고 꽃 피고
열매 맺는 나무는 젊은 나무입니다.
늙은 젊은이가 있고 젊은 늙은이가 있습니다.
젊은 기백과 비전을 갖는다면 결코 늙은 나무가 아닙니다.
게임 후반 종료 1분 전에 골을 넣고 함성의 도가니에
휩싸이는 선수가 있습니다.
인생도 후반전 마무리가 깔끔하고 멋져야 합니다.

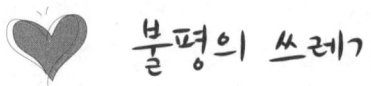 불평의 쓰레기

"컴퓨터 용어 중에 GIGO(Garbage in Garbage out)라는
용어가 있다. '쓰레기를 입력하면 쓰레기가 나온다' 라는
뜻인데, 이것은 컴퓨터가 중립적이고 객관적인 존재이며
입력한 대로 반응을 보인다는 것을 전제로 한 개념이다.
다시 말해 잘못된 명령어나 코드를 입력하면
이상한 결과가 산출된다는 것이다.
이것을 우리의 관점에서 보면 그 반대의 경우가 된다.
즉 '쓰레기를 내보내면 쓰레기가 돌아온다'
(Garbage out Garbage in)는 것이다.
불평의 쓰레기를 다량 내보낼수록 더 많은 시련을 겪게
될 것이다." "불평없는 세상" 캠페인을 주도한
윌 보웬이 쓴 "불평 없이 살아보기"라는 글에서
인용했습니다. 불평은 사고와 삶의 쓰레기입니다.
그것들은 내보낼수록 더 많은 쓰레기를 입력시킵니다.
그리고 삶의 현장을 악취로 오염시킵니다.
불평 지수와 행복 지수는 반비례하고, 감사 지수와
신앙 지수는 정비례합니다.
선택은 내 몫입니다.

고려장 이야기

옛날 어떤 사람이 늙고 병들어 거동도 못하는 아버지를
버리기 위해 지게에 지고 집을 떠났습니다.
그의 아들도 따라 나섰습니다.
인적이 없는 깊은 산 속에 아버지와 지게를 버린 채
돌아섰습니다. 따라갔던 아들이 버린 지게를 지고
뒤따라오자 아버지가 소리쳤습니다. "야, 이놈아, 버린
지게는 왜 지고 오느냐? 당장 버리지 못해?"
그러자 그 아들은 "이 다음에 쓸데가 있을 것 같아서요"라고
대답했습니다. 그 뜻은 아버지도 늙으면 이 지게에
지고 가 버리겠다는 것입니다. 그 말에 아버지는
정신이 번쩍 들었고 부끄러웠습니다.
그리고 깨닫는 바가 있어서 숲 속으로 들어가 버린 아버지를
지게에 지고 내려왔습니다. 고려장에 얽힌 이야기입니다.
우리 세대는 효의 실종 시대입니다.
어른도 부모도 섬기지 않습니다.
효는 성경의 가르침입니다. 효는 윤리의 기본입니다.
효가 무너지면 가정도 국가 기강도 흔들립니다.

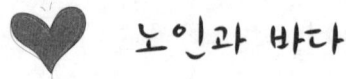 노인과 바다

1899년 7월에 태어나 1961년 7월에 세상을 떠난 헤밍웨이,
《노인과 바다》는 그가 남긴 명작입니다.
1952년 탈고한 《노인과 바다》는 1953년 퓰리처 상을 받았고,
1955년에는 노벨 문학상을 받았습니다.
작품의 구성은 노인 산티아고,
큰물고기, 배, 바다 이야기로 전개됩니다.
노인은 3일간의 혈투 끝에 기어이 물고기를 잡는 데
성공합니다.
그러나 포구로 돌아왔을 때 남은 건
앙상한 뼈뿐이었습니다.
이 이야기는 상업주의에 익숙한 우리에게 다른 가치가
있음을 가르쳐 줍니다.
헤밍웨이는 산티아고 노인을 결코 실패자로 설정하지
않습니다. 앙상한 고기 뼈는 노인의 끝없는 도전, 불굴의
용기, 불패의 집념을 웅변합니다.
신앙의 세계는 앙상한 뼈로 끝나지 않습니다.
풍요, 풍부, 풍성이 보장된 세계입니다.
단, 그 세계는 믿고 도전하는 사람에게만 주어집니다.

 칭찬과 격려

타이거 우즈는 세계를 주름잡는 골퍼입니다.
그의 아버지는 어린 우즈에게 "아빠는 너를 사랑한단다.
나는 네가 자랑스럽다. 잘 자라거라"라며
토닥거렸다고 합니다.
타이거 우즈는 자신에게 가장 큰 영향을 준 사람,
가장 존경하는 사람은 아버지라고 했습니다.
헨리 포드도 어머니의 칭찬과 격려에 힘입어
자동차왕이 되었습니다.
LA올림픽 여자 수영 다이빙에서 금메달을 딴 중국 선수도
어머니의 격려와 칭찬이 자신을
세계적인 선수로 키웠다고 했습니다.
말 한마디는 좌절의 단검이 될 수도 있고,
재기와 성공의 밑거름이 될 수도 있습니다.
칭찬은 화해의 물꼬를 트지만 비난은 적을 만듭니다.
칭찬과 격려에 필요한 것은 자본이 아닙니다.
마음만 바꾸면 언어가 바뀌고 인생이 바뀝니다.
그리고 행복 지수가 높아집니다.

무너지지 않는 행복

선데이 아델라자 목사는 나이지리아의
시골 동네에서 고아로 성장했습니다.
19세에 예수 그리스도를 만났고, 우크라이나에 들어가
'하나님의 대사'(God's Embassy) 교회를 세웠고,
60여 권의 책을 썼습니다.
그가 쓴 《믿음의 나비효과》라는 책 안에
실린 글을 인용합니다.
"우리는 하나님의 축복이 임하면 시험을 받지 않으리라
생각하지만 그 반대로 축복이 임할 때마다
유혹과 시험과 장애물이 함께 찾아온다.
마귀는 축복을 근심거리로 만들기 위해 우리를 공격하며,
특히 우리가 약속된 땅을 발견하고 자신의 분야에서
최고의 영향력을 미치고자 노력할 때
그 공격은 더욱 거세진다."
시험에 빠지면 행복한 삶이 무너지지만 시험을 이기면
축복의 새 지평이 열립니다. 고난이나 시련 없는 축복은
그 무게가 가볍고, 연단과 시련을 거쳐 오는 축복은
견고한 산성처럼 흔들리지도 무너지지도 않습니다.

심은 대로 거둔다

장태원 편저 유머집에 실린 글입니다.
"어느 건축 회사에 늘 불평을 일삼는, 그러나 아주 유능한
건축가가 있었다. 어느덧 세월이 흘러 정년퇴임이 다가왔다.
하루는 사장이 그를 부르더니 마지막 작업을 맡겼다.
'그동안 고생이 많았소. 힘들겠지만
마지막으로 최고로 멋진 단독주택 한 채만 지어 주기
바라오. 꼭 필요한 사람에게 선물로 줄 집이오.'
그는 퇴임을 앞둔 자신을 마지막까지
부려먹는 사장이 미웠다.
그래서 그는 전혀 정성들이지 않고
대충대충 쓸모없이 지었다.
집이 완성되자, 사장이 그를 불러 말했다.
'정말 일생 동안 수고가 많았소. 이 집은 당신의
노고에 대한 보답으로 당신에게 선물로 주는 것이오.'"
아마 그 사람은 발등을 찍으며 후회했을 것입니다.
불평과 원망은 작업 능률을 낮추고 역사를 뒷걸음질치게
만듭니다. 그리고 악성 바이러스처럼 급하게 전염됩니다.
심은 대로 거두고 행한 대로 드러납니다.

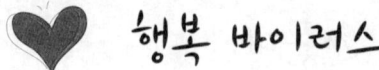 행복 바이러스

"행복한 사람을 바라보면 나 자신도 행복해진다.
행복하게 사는 부부와 가까이 지내면
우리 부부도 어느덧 행복한 부부가 된다.
화목하고 단란한 가정 옆에 살면
우리 가정도 어느 사이엔가 화목하고 단란한 가정으로
변한다. 행복 바이러스가 감염되어
우리 모두를 변화시키고 있기 때문이다.
행복 바이러스는 조용하지만 소리 없이 퍼져 나가며
가정과 이웃과 사회를 변화시키는 능력이 있다."
한국생명공학연구원 유익동 연구위원이 쓴 글의
앞부분입니다. 악성 바이러스도 마찬가지입니다.
여기서 저기로, 이 사람에게서 저 사람에게로 감염됩니다.
그리고 감염 빈도가 크고 속도가 빠릅니다.
행복 바이러스는 감동적인 데 반해,
불행을 촉발하는 악성 바이러스는 충동적입니다.
악성 바이러스는 차단하고
행복 바이러스에 감염되어야 합니다.

심장 소리를 듣는다

"태생 4개월이 되면 이맛살을 찌푸리거나 미소를 짓는다.
그리고 얼굴을 찡그리기도 한다. 그리고 기본적인
조건반사를 습득하는 것도 이때다.
태생 6개월 이후가 되면 태아는 시종 뭔가 들으려는 듯
귀 기울이는 자세를 취한다."
임신한 어머니의 뱃속은 상당히 시끄러운 장소이기 때문에
가만히 있어도 태아의 귀에 들리는 소리는 많다.
그러나 태아의 세계를 지배하는 소리는 쿵쿵하는
어머니의 리드미컬한 심장 고동 소리이며,
이 소리를 들으며 태아는 자신이 안전하다는 느낌과
안도감을 갖는다."
토머스 바니가 쓴 《태아는 알고 있다》에 실린 글입니다.
에모토 마사루는 물도 소리를 듣고
춤추고 찌푸린다고 했습니다. 태아에게 소리와 행동을
보이고 전하는 것은 태교의 포인트입니다.
태아에게 찬송과 기도 소리를
들려준다면 춤추며 뛰놀 것입니다.

어리석은 부자

"미국 역사상 가장 악명 높은 구두쇠는
록펠러와 동시대를 살았던 헤티 그린(Hetty Green)일 것이다.
부자와 결혼했고 약삭빠른 투자로 엄청난 돈을 벌었지만,
그녀는 돈을 아끼려고 집에 난방도 하지 않고
온수도 쓰지 않았다. 옷도 한 벌로 버텼고,
아들의 다리가 부러졌는데도 병원 치료를 받지 못하게 해
다리를 잘라야 했다. 그녀는
나이가 들어 탈장으로 고생했지만, 치료를 거부한 탓에
결국 수술 비용으로 150달러를 써야 했다.
그녀가 죽었을 때 남긴 순자산은 2억 달러나 되었지만
그녀의 영혼은 궁핍함에 시달렸다."
게리 채프먼의 저서 《사랑을 잘하는 사람들의 7가지 습관》에
있는 글입니다. 문제는 오늘도 헤티 그린 같은
어리석은 부자들이 많다는 것입니다.
반면에, 자신을 위해선 자린고비가 되고 근검 절약하지만,
남을 위해 아낌없이 베푸는 사람은 자랑스런 부자들입니다.
소유란 고스란히 두고 갈 것들
그리고 사는 날 동안의 필요 가치일 뿐입니다.

 ## 누구 작품인가?

파블로 피카소는 1907년 자신의 걸작
"아비뇽의 여인들"을 발표했습니다.
삐뚤어진 눈, 얼굴 옆에 붙어 있는 코, 비평가들은
인간의 고뇌, 슬픔, 공포를 표현한 예언자적 작품이라고
평가합니다만 문외한의 눈에는
해괴한 그림일 수밖에 없습니다.
그는 25세에 이미 다른 화가들이 평생 그리는 양의
작품을 그렸고, 91세로 세상을 떠날 때도
그의 침실에는 크레파스가 흩어져 있었다고 합니다.
지금도 그의 그림은 아무나 구할 수 없는
고가의 가치를 지니고 있습니다.
이유는 피카소의 작품이기 때문입니다.
우주와 그 안에 있는 삼라만상은 하나님의 작품입니다.
지으신 하나님의 위대하심 때문에 위대한 고가의 가치를
담고 있습니다. 하늘의 별,
출렁이는 파도, 울창한 삼림, 거기를 오가는 사람들,
하나님이 지으신 고가의 걸작들입니다.

 대기실

무대 곁에는 대기실이 있습니다.
분장실을 겸할 수도 있고
무대에 오르려는 사람들이 기다리는 곳일 수도 있는
대기실, 거기 있는 사람들은 감독이나
연출가의 지시를 따라 무대에 오를 때를 기다립니다.
미국에서 활동 중인 커뮤니케이터 케리 슉은
"왜 하나님은 모든 사람을 인생의 대기실로 보내실까?
그분을 의지하는 법을 배우길 바라시기 때문이다.
기다리는 동안 그분은 우리와 함께하시면서
내가 너를 떠나지도 버리지도 않겠다는
약속을 주신다"고 했습니다.
인생 대기실, 거기서 우리는 하나님의 때를 기다립니다.
그리고 하나님의 손끝을 따라 무대 위로
올라서면 됩니다.
위대한 역사의 막을 열고 닫으시는 힘이
하나님께 있기 때문입니다. 거기가 어둡고
답답하더라도 대기실을 벗어나면
등단의 기회가 사라집니다.

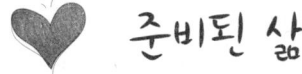 준비된 삶

아침에 집을 나설 때마다 여러 가지를 준비합니다.
머리, 옷, 들고 나설 가방…….
시간에 쫓기다 보면 뭔가를
빠트려 황당할 때가 있습니다.
치매가 아니더라도 그런 경험은 누구나 겪기 마련입니다.
그러나 최악의 불행은 자신의 삶과 죽음에 대한
무관심입니다. 되는 대로, 닥치는 대로, 세월 따라,
그럭저럭 등은 준비 없는 삶을 일컫는 말들입니다.
존 웨슬리에게 물었습니다.
"오늘밤 12시에 죽는 것이 확실하다면
하루 동안 무엇을 하시겠습니까?"
그는 "어제처럼 설교를 준비하고
교인들을 만나겠습니다. 그리고 다른 날보다
30분 일찍 잠자리에 들겠습니다"라고 대답했다고 합니다.
준비 없는 인생은 삶을 의미 없게
만들고 이정표 없는 길처럼 헤매게 됩니다.
그러나 준비된 삶은 내일 지구의 종말이 와도
오늘 한 그루의 사과나무를 심는 자세로 살아갈 수 있습니다.

기도하는 대통령

링컨은 대통령 재임 기간 '매력이 없다. 무식하다.
독선적이다. 예의가 없다. 게으르다' 는 등의
혹평을 들었습니다. 그러나 그는 어떤 악평과 상황에서도
행동의 표준을 성경에 두었습니다.
그리고 남북전쟁이 한창일 때 밤마다
링컨의 기도 소리를 들을 수 있었습니다.
그가 드린 기도의 요지는 "하나님, 나의 힘으로는
이 백성을 이끌어 갈 수 없습니다.
주님의 도우심이 필요합니다" 였다고 합니다.
국가 지도자는 민의에 귀를 기울여야 합니다.
그러나 하나님의 소리에 더 민감해야 합니다.
미국의 경우 위대한 지도자는 대부분 기도의
사람들이었습니다. 사람들의 아우성이 귀청을 쳐도
겁내지 않는 사람, 강풍으로 촛불이 가물거려도
걱정하지 않는 사람은 기도하는 사람입니다.
그들은 국가도, 권력도,
인생도 하나님의 주권 아래 있음을 믿기 때문입니다.

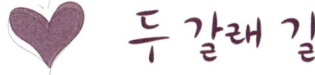 두 갈래 길

주일 아침 두 사람이 뉴저지 칼드웰 거리를
걷고 있었습니다. 교회 앞을 지나게 되자
한 친구는 교회에 들어가 예배에
참석하자고 했고, 다른 친구는 술집으로 가자고 했습니다.
그들은 각각 가고 싶은 곳으로 갔습니다.
훗날 교회를 선택한 친구는
미국 제22대와 24대 대통령이 되었습니다.
그의 이름은 스티븐 그로버 클리블랜드입니다.
다른 친구도 법학 전공 후
변호사가 되었지만
뇌물과 범죄에 연루되어 교도소에 수감되었습니다.
선택은 인생과 성공을 결정합니다.
어느 길로 가느냐에 따라 생과 사, 성공과 실패,
번영과 정체가 좌우됩니다.
잘못 들어섰다면 지체 없이
돌아서는 결단을 내려야 합니다. 망설이고
주저하는 사이 몰락할 것이기 때문입니다.

♥ 주일 지키기

에릭 리들은 1924년 파리올림픽 100미터 경기의
금메달리스트 후보였습니다. 그를 넘어설 선수가 없었기
때문입니다. 그런 그가 100미터 경기 출전을 포기했습니다.
그 이유는 경기일이 주일이었기 때문입니다.
매스컴의 맹비난이 쏟아지자 그는 "금메달이 아무리
소중해도 주일에는 뛸 수 없다"라고 대답했습니다.
그러나 그는 자신의 주종목이 아닌 400미터에서
금메달을 따냈습니다. 그것도 세계 신기록으로 말입니다.
발명왕 에디슨이 어느 주일 아침 아이들에게
주일학교에 가라고 말한 후 자신은 연구실로
들어갔습니다. 큰아들이 아버지를 따라 연구실로 들어오며
"아버지, 저도 교회 가지 않고 연구를 하겠습니다.
그리고 아버지의 뒤를 잇겠습니다"라고 말했습니다.
깜짝 놀란 에디슨이 "알았다. 미안하다.
함께 교회로 가자"라며 교회로 갔습니다.
주일 지키기가 어려운 시대입니다.
여건도, 상황도, 문화 구성도 주일 성수를 가로막고 있습니다.
그러나 신앙과 결단만 있다면 못할 것도 없습니다.

지옥보다 시원합니다

미국 시카고 날씨는 겨울은 춥고
여름엔 찜통더위가 기승을 부립니다.
흑인들이 모이는 어느 교회가 있었습니다.
그 교회는 에어컨 시설이 없었습니다. 선풍기 몇 대가
삐걱거리며 돌고 있었지만 숨 막히는 더위를
식힐 순 없었습니다. 여기저기서 불평이 쏟아졌고
출석률도 줄기 시작했습니다. 불볕더위로 숨 막히는
어느 주일 아침 현관에 현수막이 걸렸습니다.
거기엔 '지옥보다 시원합니다' 라는 대형 글씨가
얼굴을 내밀고 있었습니다.
그리고 그 날 목사님은 "여러분, 죄송합니다.
무더위를 무릅쓰고 교회에 나오신 걸 환영합니다.
저도 더위를 못 견디는 체질입니다. 하지만 지옥보다는
시원합니다"라고 말했습니다.
그리고 뒤이어 박수갈채가 쏟아졌다고 합니다.
우리는 분수에 넘는 환경을 누리고 있습니다. 그런데도
핑계와 불평이 많습니다. 아무리 어려워도 우리네 삶의
정황을 지옥에 비길 수야 있겠습니까?

기적

"2007년 5월 25일 종양학과 의사가 CT촬영을 하라고 했다.
5월 30일 저녁 8시 반, 종양학과 의사가
집으로 전화를 걸어 CT촬영 결과를 알려주었다.
'촬영 결과 암도 없고, 종양도 없고,
임파절 크기도 정상입니다.'
남편과 나는 무릎을 꿇고 나에게 일어난 기적에 대해
감사의 기도를 올렸다. 췌장암은 그냥 사라지는 법이 없고
완화되는 경우도 거의 없다는데 어떻게
이런 일이 일어날 수 있었을까?
오직 한 가지 설명만이 가능했다.
그것은 기도의 힘과 기적이라는 것.
몇 년이 흐른 지금 나는 암으로부터 완전히 해방되었다.
기적이란 있다. 간절히 믿는다면 말이다."
췌장암 말기, 사선을 넘나들던 제릴린 로빈슨의 간증입니다.
믿는 자에게는 능치 못할 일이 없다는 말씀이
이를 뒷받침하고 있습니다.
절망은 있습니다. 그러나 절망이 문제가 아니라
그 절망을 절망하는 것이 문제입니다.

 집착

"하늘은 맑고 바람은 선선하고 기온은 적당하고 소음은
들리지 않는 평평한 풀밭을 걸을 때만 만족한다면 나는
한 해의 대부분을 불행하게 보낼 것이다.
어디서 얼마나 오래 자느냐에 야단법석을 떨수록
여행은 더 어려워진다.
나는 길을 걸으면서 이런 생각을 하다가
내가 메고 있는 짐은 배낭만이 아니란 점을 깨달았다.
뒤엉킨 집착은 보이진 않지만 훨씬 더 무거운 짐이고,
우리는 이 집착 때문에 여행을 포기하기도 한다."
제라드 휴스의 책 《벽장 안에 갇힌 하나님》 안에
실린 글입니다. '집중'의 사전적 의미는 한쪽으로
치우치지 않고 자기 자리를 지키는 것을 말하고,
'집착'은 마음이 한쪽으로 쏠리는 것,
거기에 달라붙는 것을 말합니다. 뜻이 전혀 다릅니다.
신앙생활도 집중하는 것은 바람직하지만,
집착은 피하는 것이 좋습니다.
유대인의 집착은 율법주의를 만들었고,
그리스도를 향한 집중은 구원의 세계를 열었습니다.

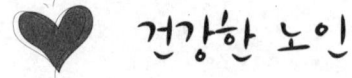 ## 건강한 노인

미국의 코미디언 조지 번스는
1996년 100세가 되는 해를
기념하기 위해 런던 팔라디엄과 무대에 설 것을
계약했습니다. 그가 남긴 명언들이 있습니다.
"늙는 것을 걱정하지 말라. 그러나 녹스는 것을 걱정하라."
"나는 이미 저세상에 등록을 마쳤기 때문에
죽지도 않고 은퇴도 없다."
"젊음의 유지 비결은 정직할 것, 천천히 먹을 것,
충분히 잘 것, 욕심을 버릴 것, 그리고 즐겁게 살 것."
그는 78세 되던 해에 영화 "선샤인 보이스"에 출연해
오스카 조연상을 받기도 했습니다.
호적 나이와 건강 나이는 일치하지 않습니다.
나이보다 무서운 것은 스스로 포기하는 것입니다.
건강한 사고와 건전한 삶,
거기다 확실한 신앙까지 갖춘다면
건강한 인생을 즐길 수 있을 것입니다.

사계(四季)

사계절의 구분이 확실한 나라는 흔치 않습니다.
들녘에 아지랑이 아른거리고 개나리와 철쭉이 춤추는 봄,
짙푸른 녹음 새로 매미 소리 어우러지는 여름,
오곡백과 영글고 시원한 바람 날리는 가을,
흰 눈 쌓인 틈새로 동백꽃 미소 짓는 겨울,
거긴 대한민국입니다.
계절 좋고 산하 좋고 인심 좋은 나라, 부지런하고
탁월한 위기 극복의 저력을 가진 나라,
거기도 대한민국입니다. 인생도 사계가 있다고 합니다.
유년, 청년, 장년, 노년기가 있다는 뜻입니다.
자연의 사계는 순환 법칙을 따르지만,
인생의 사계는 되돌림표가 없습니다. 지나면 끝입니다.
그래서 아끼고 뜻 깊게 관리하고 멋지게 투자해야 합니다.
한문 글귀가 떠오릅니다. '소년이로학난성 일촌광음불가경'
(少年易老學難成 一寸光陰不可輕)이라는 것입니다.
소년은 늙기 쉽고, 학문은 이루기 어려우니,
찰나 시간인들 가볍게 여기지 말라는 뜻입니다.
내 자리는 지금 어디쯤입니까?

 부메랑

부메랑 원리는 되돌아오는 것입니다. 누가 던졌든지
그에게로 되돌아옵니다.
언어의 세계에도 부메랑 원리가 있습니다.
"상대방을 모욕하면 곧 당신도 모욕을 받게 될 것이다.
더욱 심각한 것은 그것 때문에 관계가 돌이킬 수 없이
악화되는 것이다. 그러나 친절한 말이나 축복과
칭송을 베푼다면 분명히 그것을 되돌려 받게 될 것이며,
인간관계는 더욱 돈독해질 것이다."
롤프 가복의 말을 인용했습니다.
'칭찬해야지, 좋은 말을 해야지' 라고 생각하지만
그것이 쉽지 않은 것은 남을 높이고 칭찬하면
내가 낮아진다고 생각하기 때문입니다.
그러나 높이면 높임으로, 섬기면 섬김으로,
용서하면 용서함으로 되돌아옵니다.
적게 심으면 적게 거두고, 많이 심으면 많이 거둔다는
파종 교훈도 부메랑 원리입니다.
세월은 가지만 뿌린 씨는 그 자리에서 움트고,
심은 나무는 그곳에서 열매를 맺는 것도 같은 원리입니다.

 소신

미국 펜실베이니아 주립대학의 셰기 박사는
노인학 전문가였습니다.
그의 연구 결과에 따르면, 장년기에
두뇌 활동을 많이 한 사람은 노년기에도
사고와 판단력이 쇠퇴하지 않는다는 것입니다.
그에 의하면 "고집스러운 사람은 쉽게 늙는다.
고집이란 생각의 폭이 좁은 것을 뜻한다.
멀리 보고 넓게 생각하고 이해와 연구를 힘쓰는 노인은
장수한다"는 것입니다.
흔히 나이 들면 고집만 남는다고 말합니다.
제아무리 평생을 소신 있게 살아왔더라도 소신이
고집이 되면 주위 사람들을 피곤하게 할 뿐더러
살아온 삶에 먹칠을 하게 됩니다.
소신 없는 삶은 뜬구름입니다.
그러나 고집스런 삶은 부적절한 곳에
박힌 못과 같습니다.
소신이 고집으로 변하는 것은 심리적 변태 현상입니다.

불평 심리학

어느 날 이촌동에서 종로 5가까지 가기 위해
택시를 탔습니다. 용산에서부터 길이 막히기 시작했습니다.
운전기사 입에서 불평이 쏟아지기 시작했습니다.
그는 옮기기도 힘든 욕설을 쏟아내며
아무개가 버스 전용 차선을 만드는 바람에
택시는 찬바람 날리고 길은 밀리게 됐다고 했습니다.
한 달쯤 지난 어느 날 택시를 탔습니다.
운전기사는 콧노래를 부르고 있었습니다.
"좋은 일이라도 있는가 봅니다"라며 말을 걸었더니,
그는 "날마다 좋은 날, 좋은 일이죠"라며
자기는 버스 운전을 하다가 택시 운전으로 바꿨는데
청계천 되살린 것, 버스 전용 차선 만든 것은 걸작품이라며
열을 올리고 있었습니다.
누구에게나 두 종류의 심리 기전은 있기 마련입니다.
문제는 기수를 어느 쪽으로 돌리느냐에 있습니다.
동일한 사건과 사물이라도 심리 상태가
어느 쪽이냐에 따라
불평과 찬사, 원망과 감사로 갈라지기 때문입니다.

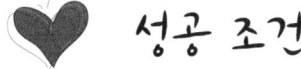 ## 성공 조건

천재 과학자였고 상대성 이론을 정립한 아인슈타인은
네 살이 되어서야 겨우 말을 할 수 있었고,
만유인력을 발견한 뉴턴은 초등학교 시절
꼴찌 성적표를 받았다고 합니다.
대문호 톨스토이는 대학 시절 낙제생이었고,
윈스턴 처칠의 자연과학 성적표는 늘 F학점이었다고 합니다.
"인생은 성적순이 아니잖아"라는 유행어도 있습니다만
성적이 곧 성공이라는 등식은 맞지 않는 것 같습니다.
그렇다고 열등생이 우등생이라는 것은 아닙니다.
자신의 약점을 진솔하게 인정하고 극복의 나래를 펴고
몸부림친 사람들, 좌절의 가파른 언덕을 숨차게 넘어선
사람들, 주어진 환경을 넘어 비전의 세계를 향해
질주한 사람들 그들이 성공의 깃발을 꽂았습니다.
화려한 조건이 성공에 도움은 되지만
절대 조건은 아니라는 것입니다.
그리고 성공에 이르는 조건은 불패의 정신력과
하나님을 향한 올곧은 믿음입니다.

 상(賞)

세계적 권위를 자랑하는 노벨상도 뒷얘기가 많습니다.
불편부당, 상업주의와 정치적 영향력 배제를 철칙으로
삼고 있지만, 때로 수상자 선정이
구설수에 오를 때도 있었습니다.
1901년 제1회 문학상 수상자로
프랑스의 프뤼돔이 러시아의 톨스토이를 제치고 선정되자,
이를 못마땅히 여긴 스웨덴 작가 42명이
톨스토이에게 유감을 표시했습니다.
그러자 톨스토이는 "상을 안 받게 되어 기쁘다.
상금은 나를 악에 물들게 할 수도 있다"라고
말했다고 합니다.
상이란 업적과 공로에 대한 보상입니다.
그런데 그 상이 남발된다면 가치는 떨어지기 마련입니다.
그리스도인이 갈망할 상이 있습니다.
그것은 영원한 상, 시들지 않고 녹슬지 않는 상입니다.

 감사

"최고의 감사는 언어로써가 아니라
행동으로 하는 것이다"(J.F. 케네디).
"감사는 위대한 교양의 결실이다.
야비한 인간에게서는 그것을 기대할 수 없다"(S. 존슨).
"오랫동안의 고통과 수난의 일생을 끝나게 해주신
신에게 감사한다"(L. 베토벤).
"남자로 태어난 것, 헬라인으로 태어난 것,
소크라테스와 동시대에 태어난 것을 감사한다"(플라톤).
이들 모두가 감사를 말하고 있지만
대상 설정이 엉성하다는 느낌입니다.
시편을 쓴 시인은 하나님께 감사하라고 노래합니다.
큰 사건이나 응답 때문에 감사하려 든다면
감사의 기회는 오지 않을지도 모릅니다.
감사의 생활화는 일상성 속에서 그리고
하루하루 삶의 현장에서 이뤄져야 합니다.

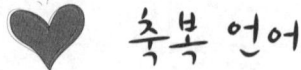 축복 언어

"분주한 삶의 물결 속에서 우리는 쉴 새 없이
다른 사람에게 상처를 입기도 하고 주기도 한다.
거친 말과 행동, 중상모략, 멸시하는 눈초리,
사람을 인정하지 못하는 단순한 실수들로 인해 상처를
입히고 받는다. 이것들은 우리 일상의 한 부분이다.
크리스천이라 할지라도 예외는 아니다."
롤프 가복이 한 말입니다.
흉기보다 예리한 것은 언어입니다.
언어가 남긴 상처는 성형도 치유도 어렵습니다.
무심코 뱉은 한마디, 의도적으로
흘리는 악성 루머, 모두 언어의 폭력들입니다.
우리 시대는 언어의 폭력이 거리마다, 웹사이트마다
넘쳐나고 있습니다. 인간의 언어, 그것은 둘 중 하나입니다.
축복, 아니면 저주입니다.
그리고 내가 구사한 그 언어들은 지구를 한 바퀴 돌고 돌아
어느 날엔간 나에게로 되돌아옵니다.
언어도 순환 법칙을 따르기 때문입니다.

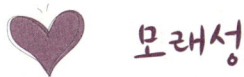 ## 모래성

"해변에 가면 우리 아이들이 모래성을 쌓으며
노는 걸 보는 게 좋았다.
이제는 아이들이 커서 그다지 모래성 쌓기를
좋아하지 않지만, 옛날에는 몇 시간씩 앉아서
땅을 파고 작은 삽으로 모래를 푸고 두드렸다.
그 위에 망루를 만들고 성 밖으로 호를 둘러 팠다.
그리고 바다에서 물을 퍼다 채웠다.
그러다가 파도가 밀려오면 모래성은 휩쓸려 사라졌다."
《내 생애 마지막 한 달》(케리 슉, 크리스 슉 저)이라는
책 속에 지은이가 쓴 글입니다.
모래성 쌓기, 소꿉놀이, 땅 뺏기 등,
어린 시절 추억이 얽힌 사연들입니다.
그런데 장년이 된 지금도 모래성, 소꿉놀이, 땅 뺏기로
소중한 날들을 소진하는 사람들이 있습니다.
반석 위의 집은 파도가 쳐도 무너지지 않지만,
모래성은 잔물결에 사라져 버립니다.
모래성, 그것은 영원한 가치도
의미도 아닙니다.

하늘의 새, 들의 백합꽃

"무엇을 먹을까 걱정하지 말라 하시지만, 나는 새처럼 하늘을 날 수 없습니다. 무엇을 입을까 걱정하지 말라 하시지만, 백합처럼 비단을 짜 내 몸을 치장할 줄 모릅니다. 당신이 아니 계시면 추워서 떨고 배고파 울었겠지요. 그러나 이제는 하늘을 나는 새, 들판에 피는 백합도 부럽지 않습니다. 당신의 목소리를 듣고부터 날개가 없어도 하늘을 날고 베틀이 없어도 베를 짭니다. 그래도 근심 걱정이 남아 있어요. 당신이 너무 먼 곳에 있어 보이지 않을까 봐서." 이어령 시집에 실린 시입니다.

본래 그는 무신론 지성인이었습니다.

그러다가 뒤늦게 하나님을 만났습니다.

그리고 자신의 이성과 지성의 눈으로 바라본 하나님, 통찰과 관조의 세계를 뛰어넘은 또 다른 세계에 존재하시는 하나님을 만났습니다. 그리고 하나님의 정갈하고 진한 섭리를 발견했습니다. 그 누구라도 하나님을 만나면 삶과 사고의 전환이 일어납니다. 당신이 너무 먼 곳에 있어 보이지 않을까 봐 걱정한다는 시인의 고백이 잔잔한 여운을 남깁니다.

90세 소녀 타샤 튜더

1915년 보스턴에서 태어난 타샤 튜더(Tasha Tudor)는
1938년 23세 되는 해 첫 그림책을 출간한 이래,
100권이 넘는 그림책을 내놓았습니다.
그녀는 버몬트 시 시골에 18세기풍의 농가를 짓고
옷, 비누, 양초, 인형, 바구니 등
생필품을 직접 만들어 썼습니다.
그리고 그녀가 40년간 가꾼 정원은 미국에서도 가장
아름다운 정원으로 꼽히고 있습니다.
93세 되던 해 버몬트의 코기 코티지에서 별세하기까지
그림을 그리고 동화를 짓고 정원을 가꾸곤 했습니다.
타샤를 아는 사람들은 소녀처럼 살다가 떠났다고
입을 모으고 있습니다.
90 인생을 노인처럼 살다 가는 사람이 있는가 하면
동화 속의 소녀처럼 사는 사람이 있습니다.
인생이 동화일 순 없지만 동화처럼 산다면
훨씬 멋진 삶이 아니겠습니까?

 신뢰

"의사는 치료를 함께 해 나가는 동반자이지
치료의 주체가 아닙니다.
환자는 의사를 신뢰하고
철저히 도움을 받아야 합니다.
치료 방법이 결정되기 전까지는
충분히 토론을 해야 합니다.
그러나 일단 치료 방법이 결정된 다음에는
의사를 철저히 신뢰해야 합니다.
신뢰는 신뢰를 낳습니다."
"무게 3톤이 넘는 고래가 관중 앞에서 멋진 쇼를
펼쳐 보일 수 있는 것은 조련사와 신뢰 관계가 형성되었기
때문입니다."(《암은 없다》에서 황성주)
하나님을 향한 신뢰, 그것은 인생을 바꿉니다.
신뢰는 믿고 맡기는 행위이자 결단입니다.
인간관계를 통해 성립되는 신뢰는 깨질 수 있지만
하나님을 향한 신뢰는 쌓일수록 견고한 성이 됩니다.
지금 하나님을 신뢰하십시오.

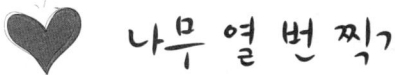 나무 열 번 찍기

세일즈맨의 판매 전략을 조사한 보고서에 따르면,
48%가 한 번 전화하고 포기, 25%는 두 번 전화하고 포기,
15%는 세 번 전화하고 포기,
세일즈맨의 88%가 1~3통의 전화 후
판매를 포기했습니다.
그런가 하면 12%의 세일즈맨은 상대방이 상품을
구매할 때까지 끈질기게 전화를 걸어
판매를 성립시켰습니다.
그리고 이들 12%가 전체 판매량의 80%를
차지한다는 것입니다.
제아무리 큰 나무라도 열 번 찍으면 넘어갑니다.
한 영혼을 구원하는 일이야말로 열 번, 백 번,
천 번이라도 찍고 또 찍어야 합니다.
우리에게 포기할 권리는 없습니다.
우리가 할 수 있는 일은 열 번, 백 번 찍는 것입니다.
포기는 패배자의 항변일 뿐입니다.

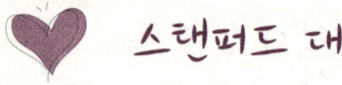# 스탠퍼드 대학

스탠퍼드는 미국 캘리포니아 출신
상원의원에다 갑부, 그래서 부러울 것도 아쉬울 것도 없는
저명인사였습니다. 그런데 어느 날
그의 사랑하는 외아들이 세상을 떠났습니다.
그의 절망과 슬픔은 헤아릴 수 없었습니다.
어느 날 밤 꿈에 나타난 아들이 말했습니다.
"이 세상에는 수많은 젊은 아들들이 많지 않습니까?"
그날 밤 이후 그는 인생관을 바꾸기로 하고
2천만 달러를 들여 샌프란시스코 남단 팰러앨토에
스탠퍼드 대학을 설립했고,
남은 전 재산을 젊은 세대 육성을 위해 써 달라는
유서를 남겼습니다.
그는 그 시대를 빛낸 멋쟁이였습니다.
힘들여 벌고 값지게 쓰는 사람이 있는가 하면,
졸부열전의 주인공이 되어 가는 사람도 적지 않습니다.
또 다른 스탠퍼드 대학의 출현을 기다립니다.

> 판권
> 소유

축복 언어

2010년 12월 30일 1판 1쇄 발행
2011년 3월 10일 1판 4쇄 발행

지은이 | 박종순
발행인 | 이형규
발행처 | 쿰란출판사

주소 | 서울 종로구 이화동 184-3
TEL | 02-745-1007, 745-1301, 747-1212, 743-1300
영업부 | 02-747-1004, FAX / 02-745-8490
본사평생전화번호 | 0502-756-1004
홈페이지 | http://www.qumran.co.kr
E-mail | qumran@hitel.net
　　　　　qumran@paran.com
한글인터넷주소 | 쿰란, 쿰란출판사

등록 | 제1-670호(1988.2.27)

책임교열 | 김향숙 · 오완

값 10,000원

ISBN 978-89-6562-049-5 03230

* 이 출판물은 저작권법에 의해 보호를 받는 저작물이므로 무단 복제할 수 없습니다.
  잘못된 책은 교환해 드립니다.